小生意大智慧

新创企业
管理培训
中心

组织编写

美意
而生
小的

宠物店

U0319611

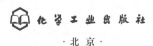
化学工业出版社

·北京·

内容简介

《小而美的生意·宠物店》一书系统梳理了开设一家宠物店的各个环节，旨在为新创业者提供全面的指导和参考。从经营前的市场分析到经营中的问题解决，再到经营后的策略调整，本书将帮助创业者迅速从入门到精通，轻松打造属于自己的、独具特色的小门店。

本书内容丰富，具体包括商圈调查与分析、商业计划与预算、店铺选址与装修、开业筹备与宣传、商品管理与销售、员工管理与维护、日常运营与管理、市场营销与推广、客户管理与服务、质量管理与提升、持续发展与扩张等。

本书内容实用性强，着重突出可操作性，是一本非常实用的开店指导手册和入门工具书；本书文字图表化，降低了阅读难度，提升了阅读效率；本书适合创业者、上班族，以及对开店感兴趣的读者阅读，可以让读者掌握应知应会的开店知识。

图书在版编目（CIP）数据

小而美的生意．宠物店 / 新创企业管理培训中心组织编写． -- 北京：化学工业出版社，2024. 9. --（小生意大智慧）． -- ISBN 978-7-122-45968-8

Ⅰ. F717.5

中国国家版本馆 CIP 数据核字第 2024A7L763 号

责任编辑：陈 蕾　　　　　　　　装帧设计：溢思视觉设计 / 程超
责任校对：张茜越　　　　　　　　E-mail: isstudio@126.com

出版发行：化学工业出版社（北京市东城区青年湖南街 13 号　邮政编码 100011）
印　　装：三河市双峰印刷装订有限公司
880mm×1230mm　1/32　印张 6½　字数 149 千字
2024 年 10 月北京第 1 版第 1 次印刷

购书咨询：010-64518888
售后服务：010-64518899
网　　址：http://www.cip.com.cn
凡购买本书，如有缺损质量问题，本社销售中心负责调换。

定　　价：39.80 元

开家小店，投资小，见效快！

在电子商务蓬勃发展的今天，小而美的生意模式既适合实体店运营，也能轻松拓展至线上平台，成为年轻人投资创业的热门选择。此类项目以其投资少、回报高的特点，备受青睐。

小而美的生意模式，顾名思义，其投资成本相对较低，风险较小，且经营方式灵活多变。这种模式对启动资金要求不高，降低了创业门槛，使更多人有机会参与其中。同时，由于专注于某一细分市场或特定需求，它们的市场风险相对较低。经营者可根据市场变化灵活调整经营策略，保持业务的灵活性。虽然规模较小，但通过精细化的管理和优质的服务，这类小店往往能实现稳定的收益，并在激烈的市场竞争中脱颖而出。

然而，经营小而美的生意并非易事，需要创业者具备敏锐的市场洞察力、创新精神和卓越的管理能力。这些能力并非人人天生具备，但通过学习和实践，每个人都可以逐渐掌握。

为此，我们特别组织了一线从业人员和培训老师，编写了《小而美的生意·宠物店》一书。本书系统梳理了开设一家宠物店的各个环节，旨在为新创业者提供全面的指导和参考。从经营前的市场分析到经营中的问题

解决，再到经营后的策略调整，本书将帮助创业者迅速从入门到精通，轻松打造属于自己的、独具特色的小门店。

《小而美的生意·宠物店》一书内容丰富，具体包括商圈调查与分析、商业计划与预算、店铺选址与装修、开业筹备与宣传、商品管理与销售、员工管理与维护、日常运营与管理、市场营销与推广、客户管理与服务、质量管理与提升、持续发展与扩张等。

本书内容实用性强，着重突出可操作性，是一本非常实用的开店指导手册和入门工具书；本书文字图表化，降低了阅读难度，提升了阅读效率；本书适合创业者、上班族，以及对开店感兴趣的读者阅读，可以让读者掌握应知应会的开店知识。

编　者

目录

第 1 章

商圈调查
与分析

关键词：
界定范围
了解需求
科学分析

宠物店商圈调研是开设宠物店前的核心筹备环节，其目的在于深刻洞察目标市场的商业氛围、竞争格局，以及潜在顾客的需求动向，从而为店铺的精准选址与经营策略布局奠定坚实的数据基础。

 【要点解读】▶▶▶ — — — — — — — — — — — — — — —

1 商圈界定：探索商业边界

对于初次涉足开店领域的创业者而言，由于尚未掌握商圈统计的详尽数据，客户依赖度尚未形成明确概念。因此，深入剖析该地区人口聚集的动因及其流动轨迹显得尤为重要，这些分析将作为设定合理商圈范围的基石。

1.1 商圈的类型

商圈，从地域视角来看，即门店服务客户所能触及的地理范围。以门店为中心，沿特定方向向外辐射至一定距离，这一距离即为商圈的半径，它界定出不同层级、各具吸引力的服务区域。每家门店均拥有其独特的商圈边界，这些边界通常依据周边居民区分布及客流量密度来界定，进而将商圈细分为如图1-1所示的两个层次。

主商圈	次商圈
主商圈可以界定为店铺周边 1 公里以内的范围，这是宠物店宣传和商业活动的主要区域	次商圈则可以扩展到店铺周围 1 ~ 2 公里的范围，这个区域的客户虽然距离稍远，但通过良好的服务和宣传，仍有可能吸引客户前来消费

图1-1　商圈的层次

如图1-1所示，主商圈无疑是门店吸引客流的核心区域，同时，它也是门店实施促销策略与经营活动的重中之重。

生意经

商圈的重要性不言而喻，宠物店在选址时需尽量避开商业街。商业街高昂的房租可能影响店铺的盈利能力。相比之下，小区底商成为更理想的选择，因其性价比较高，用相同的预算能够租赁到更大的面积，为宠物店的发展提供更为宽广的空间。

1.2　设定商圈应考虑的因素

一般来说，一个店铺在设定商圈时主要考虑如图1-2所示的两个因素。

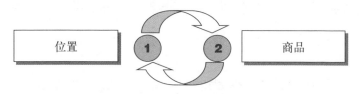

图1-2　设定商圈应考虑的因素

（1）位置

店铺的地理位置承载着其所在地区的独特特征。若选址于繁华地段，不仅交通便利，且流动人口众多，这意味着潜在的客户群体庞大，因此其商圈规模自然广阔。然而，对于坐落在交通相对不便地区的店铺，其主要客户群体多为周边常住居民，商圈规模相对有限。在此情境下，店铺经营者需充分发挥自身实力，创造独树一帜的经营特色，以此吸引远方顾客，进而拓宽自己的商圈范围。

（2）商品

商品的经营策略涉及诸多元素，与商圈规模紧密相连。特定的客户群体会展现出独特的消费倾向和偏好，因此，只有当所经营的商品精准契合目标客户群体的喜好和需求时，方能有效吸引并留住潜在客户，进而推动业务的蓬勃发展。

1.3　设定商圈的方法

对于初次开店者来说，在选定商圈的过程中，应详尽地通过抽样调查、征询客户意见等方式，全方位收集关于客户居住地的数据。对这些数据进行深入分析，有助于对商圈范围有一个更为明确的界定。而在这些方法中，时间因素同样不可忽视，如平日与节假日的客户来源构成差异等，都是影响商圈范围的重要因素。

对于宠物店而言，其商圈的范围、形态以及客户分布密度和需求特性，会因所处地区、经营规模、商品种类、经营业态以及交通条件等因素而有所不同。但即便如此，通常也有一定的规律可循。

总的来说，店主必须熟练掌握一套成熟的商圈策略。商圈策略是一种积极应对市场变化的动态销售策略，成功运用这一策略，不仅能够稳固商店的基础，提升商店形象，更能创造出符合客户特定需求的产品或服务，从而与客户建立深厚的信赖关系，让他们心甘情愿地成为店铺的忠实顾客。这正是店铺商圈战术的核心所在。

2 商圈调查：深挖潜在商机

宠物店商圈调查是一个综合性的过程，需要收集和分析多方面的信息。通过商圈调查，可以更全面地了解潜在客户的需求、市场竞争状况以及商业环境，为店铺的选址和后续经营提供重要依据。

2.1 商圈调查的内容

宠物店商圈调查的内容如表1-1所示。

表1-1 商圈调查的内容

序号	调查内容	具体说明
1	人口统计与特征	调查商圈内的人口数量、年龄结构、性别比例、收入水平以及教育程度等，有助于分析潜在客户的数量和购买力。这些信息可以通过公开的统计数据、人口普查数据或市场调研机构获取

序号	调查内容	具体说明
2	竞争对手	了解竞争对手的数量、规模、产品种类、价格水平以及服务质量等，有助于评估市场竞争态势和制定差异化竞争策略。可以通过实地考察、网上调查或与其他店主交流等方式收集竞争对手的信息
3	客户需求和消费习惯	通过问卷调查、访谈或观察等方式，了解客户对宠物产品的需求、购买偏好以及对宠物店的期望。这些信息有助于店铺优化产品和服务，满足客户的需求
4	商圈交通与配套设施	了解商圈内的交通便捷度、停车位数量以及周边是否有其他商业设施或公共设施等，有助于评估店铺的可达性和便利性
5	租金与成本分析	调查商圈内不同地段的租金水平以及店铺运营成本，包括人员工资、水电费、装修费等，以制订合理的预算和经营计划

2.2　商圈调查的注意事项

在进行商圈调查时，需要注意如图1-3所示的几点。

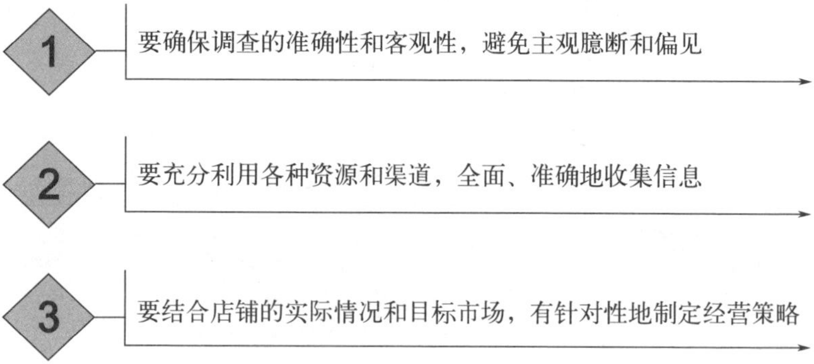

1 要确保调查的准确性和客观性，避免主观臆断和偏见

2 要充分利用各种资源和渠道，全面、准确地收集信息

3 要结合店铺的实际情况和目标市场，有针对性地制定经营策略

图1-3　商圈调查的注意事项

3 商圈分析：破译盈利密码

商圈分析是开设宠物店前不可或缺的一环，它涉及对商圈内潜在客户、竞争对手、商业环境和市场需求的全面评估。

3.1 潜在客户分析

了解潜在客户的特征、需求和行为模式，有助于宠物店制定更精准的市场策略和营销策略，提高销售额和客户满意度。

（1）潜在客户的特征

潜在客户主要包括如表1-2所示的几类，不同的客户群体有不同的特征。

表1-2 潜在客户的特征

序号	客户类型	客户特征
1	以宠物爱好者为主的客户群	宠物爱好者是宠物店最主要的目标客户。他们热爱宠物，关心宠物的健康和幸福，愿意为宠物投入大量的时间和金钱。这些客户通常会定期光顾宠物店，购买宠物食品、玩具等日常用品，同时也会寻求专业的宠物美容和护理服务
2	以新手为主的客户群	新手宠物主人是另一个重要的目标客户群体。他们刚刚成为宠物的主人，对宠物养护知识和产品选择缺乏经验。宠物店可以通过提供新手指导、产品推荐和售后服务等方式，吸引并留住这部分客户
3	以家庭用户为主的客户群	家庭用户通常拥有多个宠物，并希望为宠物提供一个舒适、安全的家庭环境。这类客户对宠物用品的品质和安全性要求较高，宠物店需要提供高质量、安全可靠的宠物用品，以满足他们的需求

序号	客户类型	客户特征
4	宠物行业从业者（专业养殖者）	宠物行业从业者（专业养殖者）也是宠物店的重要客户。他们通常需要大量的宠物食品、用品以及专业的养殖设备和宠物药品。宠物店可以与这些客户建立长期合作关系，提供定制化的产品和服务，以满足他们的特殊需求
5	以年轻人为主的客户群	年轻人是宠物市场的一股新兴力量。他们通常具有较强的消费能力和创新意识，愿意尝试新的宠物产品和服务。宠物店可以针对年轻人推出时尚、个性化的宠物用品，以及举办宠物主题的社交活动，吸引他们的关注和参与

注：以上各客户类型人群可能有所交叉，此表仅供读者大致参考。

（2）潜在客户的需求

潜在客户的收入水平、年龄、性别和文化程度也是影响购买决策的重要因素。一般来说，收入较高的客户选择高品质、高价格的宠物产品和服务的可能性更大；年轻人可能更热衷于尝试新的宠物产品和服务；老年人可能更注重产品的实用性和舒适性。此外，不同文化背景的客户对宠物产品的需求和偏好也可能存在差异。

（3）潜在客户的行为模式

潜在客户的行为模式也是宠物店需要关注的重要方面。例如，客户的购买频率、购买渠道、对促销活动的反应等，都是制定营销策略时需要考虑的因素。通过了解客户的行为模式，宠物店可以更有针对性地策划促销活动、优化产品组合、提高服务质量，从而吸引更多的潜在客户。

生意经

在进行潜在客户分析时，宠物店可以通过多种方式收集信息，如问卷调查、访谈、观察以及社交媒体数据分析等。这些数据可以帮助宠物店更全面地了解潜在客户的特征和需求，为制定市场策略和营销策略提供有力支持。

3.2 竞争对手分析

竞争对手包括直接竞争对手和间接竞争对手。直接竞争对手指的是在同一地区、提供相似宠物产品和服务的其他宠物店；间接竞争对手则可能是大型超市、在线宠物用品销售平台等，它们虽然不专注于宠物服务，但也可能对宠物店的业务产生影响。

店主可以从表1-3所示的几个方面对竞争对手进行分析。

表1-3 竞争对手分析

序号	分析要点	具体说明
1	产品和服务分析	了解竞争对手提供的产品种类、品质、价格以及服务内容。例如，竞争对手是提供宠物食品、玩具、护理用品等全套产品，还是只专注于某一领域？他们的服务是否包括宠物美容、寄养、医疗等？通过对比，可以发现自身的优势和不足，从而调整产品和服务策略
2	营销策略分析	观察竞争对手的广告宣传、促销活动以及线上线下渠道的运用情况。例如，竞争对手是否经常举办促销活动吸引客户？他们是否利用社交媒体、网络平台等进行宣传推广？通过分析竞争对手的营销策略，可以学习其成功的经验，并规避其不足之处

序号	分析要点	具体说明
3	客户群体分析	了解竞争对手的主要客户群体以及他们的需求和偏好。例如，竞争对手的客户主要是年轻人还是老年人？他们更喜欢购买哪种类型的宠物产品？通过分析客户群体，可以发现潜在的市场机会，并针对目标客户群体制定更有效的营销策略
4	店铺形象和口碑分析	考察竞争对手的店铺装修、环境以及客户评价等。一个舒适、温馨的店铺环境往往能吸引更多的客户。同时，关注客户对竞争对手店铺的评价和反馈，可以了解竞争对手在市场上的表现以及客户的满意度

基于以上分析，可以对竞争对手的整体竞争力进行评估。评估结果将有助于制定更具针对性的经营策略，从而明确自身的竞争优势与市场定位。

3.3　商业环境分析

商业环境分析包括对商圈内的交通状况、配套设施以及周边商业氛围的评估。了解商圈内的交通便捷度、停车位数量以及公共交通设施，有助于评估店铺的可达性和便利性。同时，观察周边是否有其他商业设施或公共设施，如购物中心、公园、学校等，以评估商圈的活跃度和潜在客流量。

3.4　市场需求分析

市场需求分析有助于我们了解潜在客户的需求、偏好以及市场趋势，从而为店铺的经营策略提供指导。

（1）宠物产业链

我国的宠物产业链涵盖了多个关键环节。上游聚焦于宠物的养殖、交易，并延伸到虚拟宠物的打造；中游专注于宠物产品，涵盖宠物食品及日常用品的供应；下游则深耕宠物服务市场，包括宠物医疗、美容护理以及专业培训等多元化服务，如图1-4所示。

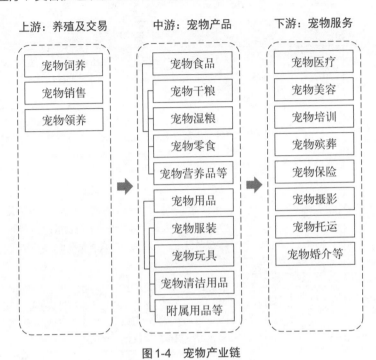

图1-4　宠物产业链

（2）宠物行业市场需求

尽管我国宠物行业起步较晚，但伴随着我国人均收入水平的提升，人们的生活方式和消费习惯正经历着变革。同时，老龄化等人口结构特点凸显，人们的情感需求日益旺盛。在这一背景下，养宠观念逐渐变化，宠物角色由简单的陪伴者向情感寄托转变，推动了我国宠物市场的迅猛增长。

2023年我国宠物市场规模已达2793亿元，较2022年增长3.2%。随着产业集群、产业环境以及行业生态的日趋完善，我国宠物行业成为正在崛起中的新千亿赛道。

如表1-4所示的是目前宠物行业市场需求呈现出来的特征。

表1-4　宠物行业市场需求特征

序号	特征	具体说明
1	宠物数量的增长	随着人们生活水平的提高和居住环境的改善，宠物已经成为越来越多家庭的一部分。宠物数量的持续增长为宠物店提供了广阔的市场空间
2	消费升级与个性化需求	宠物主人对宠物的关爱程度不断提高，他们愿意为宠物提供更好的生活质量和更全面的服务，包括高品质的食品、个性化的用品、专业的美容护理以及丰富的娱乐活动。因此，宠物店需要提供多样化的产品和服务，以满足不同客户的个性化需求
3	健康与安全的关注	宠物健康已成为宠物主人最关心的问题之一。他们越来越关注宠物的饮食安全、疾病预防和健康管理。因此，宠物店需要提供健康、安全的宠物食品和用品，同时提供专业的健康咨询和医疗服务
4	互联网与移动应用的影响	随着互联网和移动应用的普及，宠物主人可以更方便地获取宠物相关信息和服务。这也为宠物店提供了新的营销渠道和服务方式。宠物店可以通过线上平台提供商品预订、在线咨询、远程诊疗等服务，提高客户体验和便利性
5	宠物社交与娱乐的需求	宠物主人希望自己的宠物能够融入社交环境，享受与其他宠物的互动和娱乐。因此，宠物店可以提供宠物社交活动、聚会以及培训课程等服务，为宠物主人和宠物提供更加丰富多样的社交体验
6	宠物智能化管理趋势的兴起	随着智能化技术的发展，宠物主人对宠物智能化管理的需求不断增加。智能宠物喂食器、智能宠物玩具、智能宠物监控等产品受到市场欢迎，宠物店可以提供此类产品供宠物主人选购
7	环保与可持续性的关注	越来越多的宠物主人开始关注环保和可持续性问题。他们倾向于选择环保材料制成的宠物用品和食品，因此，宠物店需要关注环保和可持续性趋势，提供符合这一需求的产品和服务

生意经

通过商圈分析，可以更全面地了解目标市场的商业环境和竞争态势，为店铺的选址和经营策略提供有力支持。

案例分享

小王计划在××市××路开一家宠物店，为此对目标店址展开了商圈调查与分析。

1.商圈调查

（1）地理位置调查

该宠物店位于城市主干道旁，临近地铁站和公交站，交通便捷。周边有多个住宅小区，居民密度高，且多为中高收入家庭，具备较高的消费能力。此外，商圈内还有商业中心、学校、医院等配套设施，为宠物店提供了稳定的客源基础。

（2）竞争环境调查

在商圈范围内，已有几家宠物店及宠物医院。其中，部分宠物店定位相似，竞争激烈。然而，通过对比发现，本店在品牌形象、服务质量、产品种类等方面具有一定的优势。同时，通过差异化经营策略，如提供定制化服务、举办宠物主题活动等，可进一步提升市场竞争力。

（3）客户需求调查

通过问卷调查和访谈方式，小王了解到商圈内宠物主人对宠物店的需求主要集中在以下几个方面：优质宠物食品、用品供应；专业的宠物美容护理；便捷的寄养服务；宠物健康咨询等。同时，客户对宠物店的环境、服务态度和价格也有一定要求。

2.商圈分析

综合商圈调查的结果，小王通过SWOT分析法，即基于内外部竞争环境和竞争条件下的态势分析，S（strengths）是优势、W（weaknesses）是劣势、O（opportunities）是机会、T（threats）是威胁，得出如图1-5所示的结论。

优势分析	劣势分析
（1）地理位置优越，交通便利，人流量大 （2）周边住宅小区多，居民消费能力强 （3）品牌形象好，服务质量高，产品种类丰富	（1）竞争激烈，部分竞争对手定位相似 （2）商圈内宠物医院较多，对宠物健康咨询等业务造成一定冲击
机会分析	威胁分析
（1）随着宠物市场的不断发展，潜在客户群体不断扩大 （2）通过差异化经营策略，提升市场竞争力 （3）加强与周边商家的合作，拓展业务范围	（1）市场变化可能导致客户需求发生变化，影响经营策略 （2）政策调整可能对宠物店的运营产生影响

图1-5　商圈分析结果

案例点评：

小王经过详尽的调查，发现目标店址地理位置优越，周边环绕着密集的住宅小区、繁华的商业中心以及宜人的公园绿地，形成了极佳的交通便利性和庞大的人流量。基于这些分析结果，小王深思熟虑后，决定将宠物店定位于中高端市场，专注于高品质宠物食品与用品的销售，并同步提供宠物美容、寄养等增值服务。他坚信，在这样一个商圈内，这样的定位将赋予宠物店显著的竞争优势和广阔的市场前景。

第 2 章

商业计划与预算

商业计划是指在战略导向下通过确定的商业模式实现阶段性战略目标的一切计划和行动方案。制订商业计划需要从深入分析行业发展趋势、研究竞争对手、厘清自身的基本情况入手，选择业务发展方向，确定生意模式，制订经营目标和行动计划，编制出财务预算。

关键词：
深入分析
精准定位
合理规划

【要点解读】▶▶▶ -

1 明确经营方向：锁定目标，勇往直前

在满足人们日常生活需求之余，宠物的生活需求同样不容忽视。从宠物服饰、食品、出行用品到日常用品，宠物店主可根据市场需求，从多个层次和角度细致考量，精准定位宠物店的经营方向，以满足宠物及其主人的全方位需求。确定宠物店的经营方向需要考虑如表2-1所示的内容。

表2-1　确定经营方向需考虑的因素

序号	考虑因素	具体说明
1	目标客户群体	确定宠物店的目标客户群体，例如家庭宠物主人、专业养殖者等。了解目标客户群体的需求和喜好，以此为基础确定经营方向
2	市场需求和趋势	了解宠物市场的需求和趋势，包括宠物食品、用品、美容护理、医疗保健等方面。关注市场上的新兴产品和服务，以及消费者对于宠物健康、宠物用品环保等方面的关注点
3	竞争分析	了解竞争对手在市场上的定位和经营方向。找到市场空缺，尽量与竞争对手区分开来。例如，如果周围已经有很多提供宠物食品和用品的店铺，可以考虑提供特殊品种宠物销售或者专业宠物训练服务
4	自身资源和能力	评估自身的资源和能力，包括员工技能、设备设施、资金等方面。确定能够提供高质量产品和服务的经营方向，并确保能够满足客户需求
5	法律法规要求	了解当地相关法律法规对于宠物店经营方向的要求。确保所经营的产品和服务符合相关法规，并取得必要的许可证或证书
6	客户反馈和市场调研	定期收集客户反馈和市场调研的信息，了解客户对于现有产品和服务的满意度和需求。根据市场变化和客户需求的变化，灵活调整经营方向

生意经

经过多维度考量，宠物店能够精准定位其经营方向，确保满足目标客户群体的多样化需求，进而在激烈的市场竞争中脱颖而出。此外，需持续监测市场风向与顾客偏好的变迁，灵活调整经营策略，以确保宠物店始终保持竞争力。

宠物店盈利秘籍

宠物店想要盈利，最重要的还是要选择好自己的经营方向。宠物店常见的盈利方式主要有以下几类：

1. 宠物交易

宠物交易作为宠物店的核心盈利手段，已经从最初的普及化逐步演进为如今的多元化与高端化。随着消费者购买力的日益增强，宠物店的宠物品种也日益丰富，有些为世界各地珍稀且高价值的名贵品种。这种趋势与宠物市场价值的提升紧密相关。由于名贵宠物多源自海外，对于普通消费者而言难以轻易获取，因此，宠物店若能建立起稳定的宠物供应商渠道，将能确保可观的利润空间，满足消费者对于独特、高品质宠物的追求。

宠物活体销售虽利润可观，但消费频次相对较低。为了在当今竞争激烈的宠物市场中脱颖而出，宠物店需要打造独特的服务特色。例如，为每只宠物建立详尽的成长档案，并在宠物生日等特殊时刻向宠物主人送上温馨的祝福，以此加强客户关系管理，营造长久的陪伴感，进而提高客户的忠诚度和黏性。

同时，宠物活体销售不仅是单一交易，更是店铺后续服务的起点。它能为店铺带来宠物商品零售、洗护美容等一系列的附加消费项目，为店铺创造更多盈利机会。

2.宠物寄养

随着人们生活节奏的加快和工作的日益繁忙，很多人难以全天候照顾宠物，而宠物的自理能力又相对有限，这就催生了宠物寄养市场的需求。

宠物寄养服务通常分为常规性与特殊性两类。常规性寄养，常见于上班族，他们选择将宠物以日为单位寄养在宠物店。在这段时间内，宠物店负责宠物的饮食与日常护理，确保宠物得到妥善照料。这种寄养方式便捷、规律且稳定，费用适中，为宠物店提供了稳定的收入来源。

而特殊性寄养，则针对那些因旅游、出差等原因需要暂时离开宠物的主人。在此期间，宠物店会全天候照顾宠物，不仅提供饮食，还关注宠物的日常活动和健康状况。这种寄养方式具有临时性、突发性和复杂性，费用相对较高，但能在短时间内为宠物店带来可观的收益。

为了提供全方位的宠物寄养服务，店主可以推出日托、长托、度假托管等多种选项。同时，注重宠物的饮食健康与社交活动，确保宠物在寄养期间过上舒适、快乐的生活。

要成功开展宠物寄养项目，宠物店需制定详细的寄养协议，提供高品质的住宿环境（如宽敞的空间、新风系统、专属活动区等），并配备专业的寄养服务人员，确保宠物得到无微不至的关怀。

3.宠物用品

对于宠物主人而言，宠物不仅仅是小动物，更是家中的一员，它们享受着主人像对孩子般的关爱。因此，宠物的一日三餐、各类玩具，以及各类用品，都成了宠物主人细心挑选的对象。

以狗粮为例，市场上的狗粮价格千差万别，从经济实惠的十几元，到针对特定犬种、高品质需求的几百元不等。不同狗的品种因其体型、活动量、年龄等差异，对狗粮的需求量也各不相同。而对于一些名贵品种来说，它们的狗粮大多源自进口，价格不菲，但也正因如此，宠物食品市场蕴藏着巨大的消费潜力。

对于宠物店店主而言，通常情况下，单纯的宠物用品销售就能保证30%以上的利润率。当然，店主也可以选择适当降低利润率，以吸引更多客户，进而带动店内其他服务的消费，形成良性循环。

4.宠物培训

人们选择养宠物，往往是为了寻求休闲娱乐与心灵慰藉。他们期待宠物能在家中静候主人归来，成为倾诉心声的伙伴，以及无聊时光中的最佳玩伴。不仅如此，许多宠物主人还怀揣着挖掘宠物潜力的愿景，期待它们能展现出更多的才艺与智慧。因此，宠物培训应运而生，成为连接人与宠物情感的桥梁。

宠物培训内容丰富多样，涵盖从基本的生活习惯养成，如定点如厕；到增强与人的互动能力，如口令理解；再到独特技能的掌握，如后空翻表演等。随着培训内容的深入与难度的提升，培训费用也相应递增，从几百元到数千元乃至上万元。然而，对于深爱宠物的主人而言，这些投入都是值得的，他们愿意为宠物的成长与快乐一掷千金。

为了满足宠物主人的需求，宠物店可以设立专业的宠物训练班，提供从基础听从训练、社交能力提升到行为矫正等一系列服务。同时，还可以配套销售宠物训练所需的用具和教材，帮助宠物主人更加科学、系统地培养和训练自己的宠物，共同见证宠物的成长与蜕变。

5.宠物美容

如今，宠物主人对于宠物外形的期望越来越高，他们渴望将宠物打扮得既美观又独具个性，比如将狗狗装扮成可爱的熊猫模样。然而，这样的造型并非易事，这就需要专业的宠物美容师来施展技艺。

宠物美容服务已日趋完善，涵盖了宠物趾甲修剪、耳朵清洁、眼部护理、口腔保健、药浴治疗、毛发梳理、全身洗浴与修剪、美容套装选择，以及针对品种犬和比赛犬的专业美容造型等多个环节。作为宠物店，可以开设专门的宠物美容区域，提供从洗澡、美容到造型的全方位服务。同时，也可以销售宠物美容用品和提供教程，让宠物主人在家中也能轻松为宠物进行美容护理。

对于宠物店而言，宠物美容服务虽然不是主要盈利来源，但其在长期维护客户关系、增强客户黏性方面扮演着重要角色。此外，美容过程能吸引宠物主人在店内停留更长时间，同时可以带动店内其他商品的销售。因此，为了做好宠物美容项目，宠物店必须不断提升美容师的专业技能，确保服务质量，从而赢得宠物主人的信赖与喜爱。

6.宠物医院

随着人们对宠物健康的关注度提高，宠物医疗服务市场也在快速增长。宠物店可以提早布局，配置专业人员，提供宠物诊疗、疫苗接种、宠物手术、宠物美容等服务。同时，还可以提供宠物保险和宠物健康检查等增值服务，为宠物提供全方位的健康保障。

7.宠物保险

随着宠物在人们心中的地位不断提升以及宠物医疗费用持续增长，为心爱的宠物购买保险已成为众多宠物主人的明智选择。低廉的日均保费和高达百万的保险赔偿额度，进一步推动了宠物保险市场的蓬勃发展。

当然，宠物店通常不会单独开发宠物保险业务，而是选择与当地保险公司携手合作，获取其部分代理权，从而为客户提供一站式服务。虽然这一合作模式的利润空间有限，但通过为宠物主人提供全方位的保险服务，不仅提升了客户体验，也为店铺的整体发展奠定了坚实基础。

8.宠物护理

当宠物步入孕期，其护理需求变得尤为关键。许多宠物主人在面对即将临盆的"产妇"时，往往会感到手足无措。此时，宠物店的专业团队便显得尤为重要。他们提供卓越的产前产后服务，确保"产妇"获得充足的营养，同时协助其顺利分娩。对于"新生宝宝"，更是提供细致入微的照料，确保每一个小生命都能健康快乐地成长。

9.宠物摄影

宠物摄影作为当下流行的宠物服务项目，涵盖了生活、纪念及婚纱等多个主题。无论是设立居家照相室，还是在宠物店设立专业摄影区，甚至是两者结合提供全方位服务，都能为宠物们定格下各阶段的精彩瞬间。借助专业的化妆、造型设计与摄影技巧，我们捕捉宠物们最自然、最动人的模样，为宠物主人留下珍贵的回忆。

10. 宠物烘焙

宠物烘焙，这一源于人类烘焙艺术的新领域，专注于为狗、猫等宠物制作美食，如精美的宠物蛋糕、营养丰富的鲜食和诱人的零食等。鉴于现代宠物主人对宠物饮食的关注和追求，他们不仅具备消费能力，更期望宠物能享受到健康美味的佳肴。因此，宠物店可根据本地消费者的需求和市场成熟度，精心规划并布局宠物烘焙项目，以满足宠物主人的期望和宠物们的口腹之欲。

11. 宠物旅游

随着宠物成为家庭的重要成员，宠物旅游已成为炙手可热的新商机。为了满足宠物主人与爱宠共度美好时光的愿景，店主可以精心策划一系列宠物友好型旅游产品和服务。这不仅涵盖宠物友好型酒店和景点，更可融入丰富多样的宠物活动，确保每一次旅行都是主人与宠物共享欢乐与温馨的独特体验。

12. 宠物社交平台

宠物社交平台正迅速崛起为市场的焦点。店主可以倾力打造宠物社交应用或网站，为宠物主人提供一个交流心得、分享可爱照片与视频的互动空间。在这里，宠物主人不仅可以结识志同道合的伙伴，还能寻找理想的宠物伴侣或托管服务，从而加强彼此间的情感纽带。

宠物行业的商机繁多，店主需根据个人兴趣与能力选择适宜的商机。同时，密切关注市场需求和潮流趋势，不断创新与提升服务品质，才能在竞争激烈的宠物市场中脱颖而出，实现成功。

② 确定店铺特色：打造独特魅力

精心打造宠物店的店铺特色，是商业决策中至关重要的一环。这一过程不仅关乎店铺的定位，还涉及品牌形象的塑造以及竞争优势的构建，是确保宠物店在市场中脱颖而出的关键。如表2-2所示的建议可以帮助宠物店确定其独特的店铺特色。

表2-2　确定店铺特色的建议

序号	建议	具体说明
1	提供个性化服务	提供个性化的宠物服务是打造店铺特色的重要手段。根据宠物的品种、年龄、健康状况和性格，为宠物提供定制化的饮食、美容、训练和寄养等服务。同时，可以为宠物主人提供专业的咨询和建议，满足他们个性化的需求
2	强调专业性与权威性	强调店铺的专业性和权威性也是确定店铺特色的关键。通过雇用经验丰富的宠物医生、营养师和训练师，提供专业的宠物医疗、营养和训练服务，树立店铺在宠物领域的专业形象。此外，可以定期举办宠物知识讲座或活动，提升店铺在客户心中的权威地位

序号	建议	具体说明
3	销售优质产品	选择并销售优质的宠物食品、用品和玩具等也是打造店铺特色的重要方面。通过与知名品牌合作或自主研发特色产品，提供高品质、安全可靠的宠物用品，满足宠物主人的需求
4	打造独特的环境与氛围	店铺的装修和氛围也是吸引客户的重要因素。可以根据店铺的定位和目标客户群体，设计独特的装修风格和舒适的购物环境。例如，可以营造温馨、舒适的氛围，让客户在消费的同时也能有愉悦的体验
5	建立会员制度与忠诚度计划	建立会员制度和忠诚度计划，为常客提供优惠和奖励，也是打造店铺特色的有效手段。通过积分兑换、会员专享折扣等方式，提高客户的忠诚度和回购率

3 启动资金预算：精打细算，为未来铺路

启动资金，即指创办宠物店所需购置的各类物资与不可或缺的其他初始费用。它涵盖了从店铺起步至实现收支平衡这一过程中，所必须筹备的资金总额。这些资金将确保您在经营初期能够顺利运营，直至业务步入正轨。

3.1 启动资金用途

开店的启动资金将用于：

（1）购买设备及相关产品。

（2）支付场地（办公室、店铺等）费用和店铺的装修费用。

（3）办理营业执照和相关许可证。

（4）购置办公家具和办公用品。

（5）开业前的广告和促销。

（6）招聘、培训员工，给员工发放工资。

（7）支付水电费、通信费等。

店铺可以把启动资金按用途分为两大类，具体如图2-1所示。

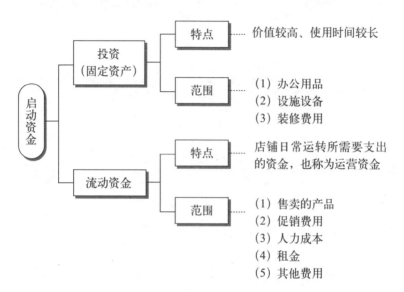

图2-1　启动资金类别

3.2　投资（固定资产）预测

在进行固定资产投资预测时，务必细致考量不同规模和经营范围的宠物店对设备需求的显著差异。因此，深入了解并明确所需设备种类，精准选择符合经营需求的设备类型，对于合理控制设备投资至关重要。即便是少量设备，也应进行精确测算，并纳入整体投资计划中，以确保资金的有效利用和投资的合理回报。

比如，开一家宠物美容店所需的基础设备如下：

（1）一个稳固的美容台不可或缺，其表面采用防滑材质，配有稳固的支架和固定的宠物吊竿，确保宠物在美容过程中的安全。

（2）准备多种专业的梳理工具至关重要，包括美容师梳、木柄针梳、钢丝梳、分界梳等，以应对不同步骤和情况的需求。

（3）针对被毛打结的犬只，还应备有开结工具和无静电开结水，确保宠物毛发顺畅。

（4）在剪趾甲时，应准备趾甲钳、趾甲锉以及专业的止血粉，确保操作安全无虞。

（5）宠物洗澡后，使用吸水毛巾擦干宠物，再运用专业的烘干箱或吹水机吹至八成干，最后以双筒吹风机完成彻底烘干。

（6）在修毛剪毛的过程中，工具的选择尤为精细，包括直剪、牙剪、小直剪、弯剪等多种剪刀，根据修剪位置的不同，选用相应的剪刀进行操作。

（7）对于需要剃毛的犬种，需配备专业电剪及多种型号的刀头，以满足不同修剪需求。

 生意经

开设宠物店时，设备投资需灵活应变，依据市场定位来调整。各类设备均涵盖高中低不同档次，关键在于根据目标顾客群体来精准选择适合的档次。无需盲目追求数量与规模，确保设备满足日常需求即可，实用为主。

3.3 流动资金预测

流动资金的核心特性在于其动态性和不可预测性，店铺在初期收入实现之前，必须确保有充足的资金以应对各类日常开销。合理筹备流动资金能使店主在面对各种费用支付时游刃有余,确保店铺的平稳运营。

流动资金是门店日常运营中不可或缺的支付保障。在销售收入尚未覆盖成本之际,店主应至少预备足够3个月运营所需的流动资金。为了更加精准地掌控资金流动,建议制订一份如表2-3所示的流动资金预测表,以助您科学规划,确保资金使用的高效与合理。

表2-3　流动资金的预测

序号	类别	具体说明
1	产品库存	零售商和批发商在营业前需对库存商品所需的流动资金进行合理预测,以确保业务的顺畅开展
2	促销	促销活动涵盖4P策略(产品、价格、渠道、促销),其中促销部分的成本需纳入预算,以确保营销活动的效果与经济效益相平衡
3	工资	即使在起步阶段,也需要为员工支付工资。计算方式通常基于月工资总额乘以预计收支平衡前的月数
4	租金	门店一经开业,租金即成为固定支出。预测时,需将月租金额与预计收支平衡前的月数相乘,以得出租金预算
5	保险	保险支出分为社会保险和商业保险两类。开业时,应预留足够的资金用于支付这些保险费用,确保企业运营的稳健性
6	其他费用	其他费用包括水电费、办公用品费、交通费、电话费以及不可预见费用(统称公用事业费)等。在起步阶段,这些费用也应纳入启动资金的预算范围内

3.4　总的启动资金预测

总的启动资金,其计算公式为:

启动资金总额=投资金额(固定资产+开办费)+流动资金总额

3.5 预测启动资金要注意的问题

创业者在规划启动资金时，应着重考虑以下关键要素：

（1）务必清醒认识到"一旦启动资金流转不畅，门店将面临关闭的危机"。

（2）精准估算启动资金的持续投入周期，明确在取得销售收入前所需投入的流动资金时长，以确保资金链的稳固。

（3）坚持"必须、必要、合理、最低"的原则，优化资金配置，将投资和流动资金需求量压缩至最低限度。只支出必要的费用，避免不必要的开销。

（4）为确保应对突发情况，务必预留一定量的流动资金作为"储备金"，以备不时之需。

🔗 相关链接

宠物美容店预算指南

随着宠物市场的蓬勃发展，投资宠物美容店成为许多热爱宠物的创业者的首选。在筹备开店之前，了解并规划好预算至关重要。以下是宠物美容店预算的详细指南：

1.宠物美容店的定位

宠物美容店的预算与其定位紧密相关。高档与小型店铺的费用差异显著，因此首先要明确店铺定位。这有助于您更准确地制订各项预算，确保资金的合理分配。

2.品牌加盟相关费用

若您选择加盟知名品牌，需支付一定的加盟费用。这笔费用因品牌而异，但通常包括品牌使用权、技术支持、培训等方面的支持。加盟品牌可以借助其市场知名度和成功经验，帮助您快速打开市场。

3.店铺租金

店铺租金是宠物美容店预算中的重要组成部分。租金高低与店铺选址、面积大小密切相关。黄金地段的租金通常较高，但客流量也更大。因此，在预算店铺租金时，需结合实际情况、店铺定位及所需面积，进行综合考虑和计算。

4.装修费用

宠物美容店的装修投入需慎重考虑。装修并非追求奢华，而是要与店铺的档次和定位相匹配。因此，在核算装修成本时，应明确装修风格和预算，确保装修效果既符合宠物美容店的形象，又不过度消耗资金。

5.人员成本及宠物美容店运营成本

宠物美容店的人员成本和日常运营成本是不可或缺的。人才是店铺的核心竞争力，因此，合理的薪酬待遇对于留住优秀人才至关重要。同时，店铺的运营成本，如促销活动的奖品准备、宣传物料的印刷以及日常耗材等，也需纳入预算之中，确保店铺的正常运营。

6.技术学习成本

若选择自主开店而非加盟连锁品牌，则技术学习成本需提前考虑。一般而言，C级美容师的学费约为8000元，学习时间1～2个月，加上学习期间的食宿等费用，整个学习期间的成本将达到约1万元。店主虽可选择直接招聘美容师，但此举可能带来较大风险，因为美容师的变动可能对店铺经营产生严重影响。

7.美容设备

无论是人还是宠物美容，专业设备都不可或缺。对于宠物美容店而言，吹水机、美容剪、电推剪、美容台、大功率吸尘器等设备是必备之选。此外，店铺还需配备空调、小冰箱、热水器等电器设备，以确保服务质量和顾客体验。这些设备的费用都应纳入预算之中，确保店铺的顺利运营。

4 筹集开店资金：多方筹措，共筑梦想

一般来说，开一家宠物店筹集资金的方式有表2-4所示的几种。

表2-4 筹集开店资金的方式

序号	筹集方式	具体说明
1	个人储蓄	从自己的积蓄中出资，这是最常见的创业资金来源。为了开店，店主可能需要调整自己的消费习惯，避免不必要的开支，以便积累更多的资金
2	亲友借贷	如果个人储蓄不足以满足开店需求，店主可以向亲友寻求资金支持。这种方式通常利息较低，还款期限相对灵活

序号	筹集方式	具体说明
3	合作伙伴出资	寻找志同道合的合伙人一起出资开店。合伙经营可以分担风险和成本，但需要与合伙人签订明确的合同，明确双方的权利和义务
4	银行贷款	如果具备相应的资格，可以向银行申请贷款。银行贷款通常需要提供抵押物或担保人，因此需要评估店主的资产和信用状况
5	筹集风险资金	对于规模较大或创新型的宠物店，可以考虑向风险投资机构或天使投资人筹集资金。这种方式通常需要提供商业计划书并展示店铺的盈利能力

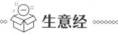

生意经

无论选择哪种筹集资金的方式，店主都需要认真评估自身的实际需求和还款能力，确保在可承受的范围内进行借贷。同时，还需要制定合理的还款计划和经营策略，确保店铺能够盈利并按时还款。

5 初始投资规划：合理布局，稳扎稳打

宠物店的初始投资规划是开店前至关重要的步骤，涉及多个方面，包括店铺选址与租金、装修与布局、设备采购、人员招聘及培训、商品采购、营销与广告费用、预留资金等。如表2-5所示的是一份详细的初始投资规划。

表2-5 初始投资规划

序号	规划项目	具体分析
1	店铺选址与租金	根据宠物店的定位和目标客户群体，选择合适的店铺位置。店铺的位置对于吸引客户和增加知名度至关重要。在确定位置后，需要计算租金和押金，这部分费用通常占据初始投资的重要部分
2	装修与布局	根据店铺的面积和结构，制定合理的装修方案。包括店面设计、材料采购、施工费用等。宠物店的装修要体现温馨、舒适和专业的感觉，为客户提供良好的消费体验。同时，要合理规划布局，确保商品展示清晰、易于挑选
3	设备采购	设备采购是宠物店初始投资中的另一个重要环节。根据店铺的经营项目和规模，购买必要的设备，如宠物美容工具、展示架、空调、收银机等。这些设备的品质直接影响到店铺的运营效率和客户满意度
4	人员招聘及培训	根据店铺的经营需求和规模，招聘合适的员工。包括店长、宠物美容师、销售员等。同时，要对员工进行专业的培训，确保他们具备必要的技能和知识，为客户提供优质的服务
5	商品采购	根据市场需求和店铺定位，采购适量的宠物食品、用品、玩具等商品。要确保商品的质量和安全，以满足客户的需求。同时，要合理控制库存，避免积压和浪费
6	营销与广告费用	为了提升店铺的知名度并吸引客户，需要投入一定的营销和广告费用。包括开业宣传、促销活动、线上推广等。这些费用可以帮助店铺在开业初期快速吸引客户，提高销售额
7	预留资金	在初始投资规划中，还需要预留一部分资金用于应对可能出现的意外情况。这部分资金可以用于应对市场波动、人员变动、设备损坏等不可预见的风险

 **生意经**

宠物店的初始投资规划需要综合考虑多个方面，确保各项费用的合理性和有效性。通过详细的规划和预算，可以为宠物店的顺利开业和稳定运营打下坚实的基础。

案例分享

小王准备开设一家名为"宠爱××"的宠物店，集宠物食品销售、用品供应、美容护理、寄养服务及医疗咨询等多功能于一体，旨在打造一家深受宠物主人喜爱的专业宠物店。对此，通过对目标市场的深入调研，结合店铺特色和服务优势，小王做了详细的商业计划与预算。

1.市场分析

目标市场定位：主要面向中高端市场的宠物主人，年龄在25～45岁，注重宠物的生活品质与健康。

市场规模：随着宠物数量的增加和宠物经济的蓬勃发展，宠物市场呈现出持续增长的趋势，预计未来几年市场规模将持续扩大。

竞争环境：店铺周围已有几家宠物店，但服务质量和特色各异。小王通过提供个性化、专业化的服务，以及营造温馨舒适的环境，来赢得客户的青睐。

2.店铺特色

个性化服务：提供宠物定制化饮食、美容护理和寄养服务，根据宠物的品种、年龄和健康状况，制定个性化的服务方案。

专业团队：聘请具有丰富经验的宠物医生、营养师和美容师，提供专业的宠物医疗、营养和美容咨询，为客户提供全方位的服务支持。

优质产品：精选知名品牌和优质供应商，提供高品质、安全可靠的宠物食品、用品和玩具，满足客户的多样化需求。

舒适环境：店铺装修温馨舒适，设置宠物游乐区、休息区等，让客户在消费的同时也能有愉悦的体验。

3.经营策略

产品策略：根据市场需求和客户反馈，不断优化产品结构，引入更多创新、实用的宠物用品，提升产品竞争力。

价格策略：制定合理的价格体系，确保产品价格具有市场竞争力。同时，通过会员制度、促销活动等方式，吸引更多客户消费。

营销策略：利用社交媒体、网络平台和线下活动等多种渠道进行宣传推广，提高店铺知名度和美誉度。与知名宠物博主、达人合作，开展联名活动，扩大品牌影响力。

会员制度：建立完善的会员制度，为会员提供积分兑换、会员专享折扣等优惠，增加客户忠诚度和回购率。

4.财务预测与投资回报

经过详细的市场调研和成本分析，小王制订了合理的财务预测和投资回报计划。预计初期投资主要包括店铺租金、装修费用、设备采购、人员培训等。在运营过程中，门店将注重成本控制和盈利管理，通过提高销售额、优化库存管理等手段，实现盈利增长。预计在第一年内实现盈亏平衡，之后逐步实现盈利增长。

5.风险评估与应对

市场风险：密切关注市场动态和竞争态势，及时调整经营策略，提升服务质量和特色，以应对市场风险。

产品质量风险：加强与供应商的沟通与协作，确保产品质量可靠、绿色环保。对于出现质量问题的产品，及时进行处理和赔偿，保障客户权益。

客户投诉风险：建立完善的客户服务体系，积极处理客户投诉和意见反馈，及时改进服务质量，以提升客户满意度。

案例点评：

经过对市场的细致剖析，小王不仅确立了店铺的鲜明特色，还精心制定了经营策略，并对财务进行了精准预测与风险评估，为宠物店的成功开业提供了全方位的指导。展望未来，小王将持续关注市场动态，紧跟客户需求变化，致力于提升服务质量，强化店铺竞争力，确保店铺的稳健前行。同时，他也将积极开拓线上销售领域，探索创新业务模式，力求为宠物主人带来更加便捷、高效的服务体验，推动店铺的长远发展。

第 3 章

店铺选址
与装修

关键词：
位置得当
装修适宜
布局合理

精心选址与装修是宠物店成功经营的基石，它不仅对客流量产生深远影响，更是决定顾客群规模和销售额高低的重要因素。通过深思熟虑的选址和独具匠心的装修，宠物店能够为顾客带来独特而吸引人的消费体验。

【要点解读】▶▶▶ ─────────────────────

1 选址前的调查：摸底商圈，掌握先机

宠物店的成功运营，前期选址的重要性不言而喻。合适的选址不仅能吸引大量顾客，还能为店铺创造丰厚的利润。据统计，选址因素在决定宠物店盈利能力的诸多要素中，占据了超过40%的关键比重。因此，店主在选址时务必深思熟虑，全面考量以下关键要素，以确保做出明智的决策。

1.1 调查周围住户的经济状况

若是在高档社区，住户普遍经济殷实，他们倾向于饲养品种优良、价格不菲的宠物，并极尽宠爱，对宠物用品的投资毫不吝啬。因此，宠物店的商品档次也应相应提升，价格自然较为高端。然而，若顾客群体消费水平相对普通，店内商品和服务的定价则需谨慎，过高的价格只会让顾客望而却步，影响店铺的客流和业绩。

1.2 调查店铺周围的客流量

店铺周边客流量的规模直接关联着店铺的经济效益。高客流量不仅意味着宠物店的知名度广泛，更容易吸引人们的目光和口碑传播。宠物爱好者们往往乐于探访这样的店铺，一旦自家宠物需要美容服务或相关用品，他们自然会首选光顾您的店铺。

生意经

在选择宠物店的位置时，店主需对周边同行业进行细致的考察，深入了解竞争对手的经营状况，同时对自家店铺经营的产品和目标消费群体有清晰的认识。只有做到知己知彼，才能制定出有效的经营策略，从而在激烈的市场竞争中脱颖而出。

1.3 调查周围同类店面的客人情况

对于初次饲养宠物的宠物主人而言，在选购宠物食品和衣物时，

他们总是热衷于"精挑细选"。他们会比较不同店铺的商品质量，而当质量相当时，价格便成了他们考虑的关键。因此，周边店铺的繁荣，很可能会对你的生意产生积极的连锁反应，促使你的生意也日渐兴旺。

1.4 调查客户购买的物品和所需要的服务

宠物主人之间常有一种相互比较的心理，例如张家的宠物穿着时尚连衣裙，李家的宠物享受着进口狗粮的美味，王家的宠物则拥有酷炫的造型。此外，许多忙碌的上班族既不想将宠物独自留在家中，又无法随时陪伴，因此宠物寄养服务需求迫切。面对这些多样化的需求，店主必须进行深入的市场调查，以明确自己店铺的独特定位和服务范围，从而满足宠物主人们的期望。

1.5 了解竞争对手情况

新开张的宠物店在筹备之初，应着重了解竞争对手的营业时间、经营状况、独特的服务特色与质量、商品种类与定价策略，以及客流量情况。对于开店初期难以迅速备齐所有商品的情况，应确保店铺所售商品质量上乘、服务质量卓越。此外，店铺可根据客户的需求，提供个性化的商品预订以及便捷的送货上门服务，以此打造独特的顾客体验，从而吸引更多的"回头客"。

2 选址需考虑的因素：地段、人流，一网打尽

常规来讲，店主在选址时应考虑如图3-1所示的因素。

图3-1 店铺选址需考虑的因素

2.1 地理位置

地理位置不仅关乎交通便利性，还需考虑气候因素。潮湿的气候可能诱发宠物的皮肤问题，而不同地区的气压、气温差异可能影响宠物的口味偏好，从而间接影响宠物店的经营方向。

2.2 税收政策

税收是宠物店运营中不可忽视的一环。不同地区的税收政策存在差异，店主在开店前需详细了解相关政策，咨询同行或相关部门，确保对宠物用品类店铺的税收政策有清晰认识。这将有助于店主更准确地预测宠物店的预期销售额和成本开销，从而计算出关键的利润部分。

2.3　消费群体

稳定的消费群体是宠物店持续发展的基石。店主需确保目标顾客群体稳定，且认可店铺的产品和服务理念。顾客需求往往是多样的，店主应努力满足，以确保商品销售的稳定性。只有这样，才能确保宠物店的长期繁荣。

例如，对于有志于将宠物用品作为主要经营项目的店主而言，关键在于开店前就深入洞察这一特定的消费群体，包括他们的年龄层次、职业背景、个人喜好以及宠物养护经验等。而在店铺运营过程中，还需时刻保持对这类消费群体中新兴特征和流行趋势的敏锐洞察，从而能够迅速引入市场热销的新产品，确保商品与消费者需求高度契合。

2.4　场所大小

场所的大小应基于宠物店的特性和业务需求进行合理规划。若计划开设一家商品种类丰富的宠物美容店，店铺面积至少应达到40平方米以上，以确保服务流程的顺畅；若主营宠物食品，则20～30平方米的店铺面积已足够满足需求。若致力于提供宠物托管、美容等服务，则需考虑更大的店铺空间，以营造宽敞舒适的环境，赢得宠物主人的信任，使他们愿意将心爱的宠物托付给店铺。

当然，场所大小的界定并非一成不变，可根据实际情况灵活调整，以实现经营效益的最大化。

2.5　场所成本

场所成本分为有形成本与无形成本两大类。有形成本指可直接量化且易于测量的成本，如水电费、劳动力成本、原材料费、税收、折旧费等，这些费用均能被财会或管理部门明确确认。而无形成本则难以量化，如公共交通设施的便捷性、居民对宠物店的关注程度、员工的素质及工作态度等，甚至包括周边居民的生活质量和环境质量，这些因素都可能间接影响店铺的运营效果。

在选址时，需明确掌握店铺租金、水电等有形成本，以及员工薪酬等月度开支，这些固定成本将直接影响宠物店的投资规模及资金筹措方式。

2.6　营业时间

选址时需根据宠物市场的消费情况，合理规划营业时间，并确保与当地相关限制性政策相符，以确保店铺能够高效运营并符合法规要求。

2.7　周围竞争状况

开设宠物店时，必须正视并准备应对同行竞争。缺乏竞争并不总是好事，若周边无其他宠物店，可能意味着该地区的居民对宠物消费并不热衷。然而，这也可能是一个机会，表明该区域尚未有宠物店进驻，从而为你提供了广阔的发展空间。若同一区域已有其他宠物店，则需采取差异化营销策略，凸显自身特色，以在激烈的市场竞争中脱颖而出。店主须深入了解周边竞争者及潜在竞争者的产品特点、经营方式和价格等信息，真正做到"知己知彼"，方能"百战不殆"。

2.8 场所设施状况

选址时，需仔细检查店铺的硬件设施和服务是否完善。特别关注水管的铺设、电压限制以及网络连接等情况。理想的店铺应具备以下条件：

（1）具备办理营业执照的资质，确保店铺合法经营。

（2）房东和物业明确允许开设宠物店，避免日后因政策变动而带来的不便。

（3）拥有上下水设施，确保店内清洁和宠物日常需求得到满足。

（4）良好的排风条件，维持店内空气清新，对宠物和顾客的健康至关重要。

（5）充足的电力供应，以满足店内各种设备的用电需求。

相关链接

选址小贴士

1.是否适合开宠物店

在选址时，需确保店铺本身具备适宜的条件，如良好的通风、采光，以及方便的水电改造和简单的装修。与房东签订租赁合同时，务必考虑稳定性，包括支付方式（季付、月付、年付）、免租期长短及附加条件。同时，确保店铺具备正常的供暖、水电供应，并允许进行必要的装修和设施改造。

2.是否有足够的消费人群

选址时需考虑宠物店与周边消费人群的契合度。养宠人群的数量是重要指标，因宠物店主要面向养宠人士。选择居民密集、增长快的地区开店，避免居民稀少或增长缓慢的区域。人气旺盛的养宠区是首选，而新建区域若缺乏流动人口，则需谨慎考虑。

3.是否与经营项目定位相符

选址时需根据宠物店的经营项目和规模定位来决策。不同档次的消费群体对应不同档次的店铺地址。小面积、服务差的店铺难以盈利，更难留住客户。对于宠物美容、洗澡等快速消费品，宜选居民区或社区附近；而宠物用品、玩具等则适合交通便利的地区。同时，考虑目标消费群体的层次，选择更接近目标消费群体的地方。

4.是否能在同行中保持竞争力

在选择宠物店的位置时，需充分考虑周边宠物市场的竞争状况。如果区域内已有其他宠物店，则需仔细评估自身的竞争优势，比如特色服务、价格策略、品牌形象等，确保在激烈的市场竞争中能够脱颖而出。

5.是否有方便停车的位置

选择店铺位置时，应避开受交通管制或设有隔离栏的街道，以确保客户能够便捷地前来。门前或附近有宽敞的停车场或空地尤为重要，这将极大提升客户的消费体验。

同时，店铺附近最好有公交车站点或出租车停靠点，以方便顾客出行。

6.是否存在产权纠纷等问题

在选址前，务必了解所选店铺的产权状况，确保近期无拆迁风险，并避免产权纠纷或其他潜在问题。这需要详细了解当地的城市规划，确保所选位置不在即将改造或拆迁的区域。同时，在租赁房屋时，要仔细核查房屋的使用情况、建筑质量以及业主的产权状况，避免因产权问题给宠物店经营带来麻烦和损失。

3 店铺规划布局：空间魔法，打造舒适环境

宠物店的布局对于营造舒适的客户消费体验、促进员工高效工作以及最佳展示宠物与商品至关重要。

3.1 入口与接待区

宠物店的入口应设计得宽敞明亮，以方便顾客轻松进出。在入口处设立接待区，配置专职店员，负责热情接待每一位顾客，解答他们的问题，并指引他们前往店内各个区域。

3.2 展示区

作为宠物店的核心区域，展示区应位于店铺的显著位置，如近

入口处或店铺中央，以吸引顾客的注意力。展示区可按宠物种类、体型或习性进行细致划分，例如猫区、狗区、水族区等。每个区域都应确保良好的照明和通风，为宠物提供舒适的环境，同时让顾客能更清晰地观赏和选择心仪的宠物。

3.3　销售区

销售区应紧邻展示区，以便顾客在欣赏完宠物后，能方便地挑选相关商品。销售区可根据商品种类和用途进行细致划分，如宠物食品区、用品区、玩具区等，确保顾客能轻松找到所需的商品。

3.4　美容与寄养区

为确保美容过程中的宁静与舒适，美容区应设立在店内相对独立且远离喧嚣的角落。寄养区则应位于店铺深处或二楼等较为隐秘的区域，确保寄养宠物的安全与舒适。寄养区还需配备完备的设施，如宽敞的笼子、便捷的喂食器以及专业的清洁用品等。

3.5　员工工作区

员工工作区应设置在便于员工操作和管理的位置，如收银台后方或店铺的安静角落。该区域应配备先进的办公设备，如电脑、打印机等，并设有员工休息和用餐的专区，为员工创造一个舒适且高效的工作环境。

3.6　客户休息区

店铺内应设置客户休息区，提供柔软舒适的座椅和温馨的服务。

这样，客户在等候宠物美容或寄养的过程中，可以安心休息、交流、享受愉快的等待时光。

生意经

在布局规划中，以下几点至关重要：

（1）确保店铺内通道畅通无阻，以便利客户与员工的顺畅流动。

（2）精心规划货架与展示柜的高度与位置，确保商品易于取放，同时吸引顾客的目光。

（3）根据店铺的实际尺寸和需要，灵活调整布局策略，最大化地利用每一寸空间。

4 店铺外观设计：颜值担当，吸引眼球

宠物店的外观设计是吸引客户和提升品牌形象的重要一环。一个独特而吸引人的外观设计可以让宠物店在众多店铺中脱颖而出，吸引更多潜在客户。

4.1 风格定位

在风格定位前要明确宠物店的品牌定位和目标客户群，选择与之相符的外观设计风格。

比如，如果宠物店主打高端市场，可以选择现代简约或新古典风格；如果面向年轻人为主的群体，可以考虑工业混搭或清新风格。

4.2　色彩搭配

色彩在外观设计中起着至关重要的作用。选择合适的色彩搭配可以提升店铺的视觉效果，吸引客户的注意力。

比如，可以选择明亮而温暖的色调，营造出温馨舒适的氛围；或者采用对比强烈的色彩组合，增强店铺的辨识度。

4.3　橱窗设计

橱窗是展示宠物用品和吸引客户的重要窗口。可以通过精心设计的橱窗展示宠物产品、宠物照片或宠物活动场景等，让客户在店外就能感受到店铺的特色和氛围。

4.4　门面设计

门面是宠物店的标志性元素，也是吸引客户的第一印象。可以设计独特而醒目的门面，使用醒目的字体和图案，突出店铺的品牌形象。同时，可以在门面上安装宠物主题的装饰物，如宠物爪印、宠物头像等，增强店铺的宠物氛围。

4.5　灯光照明

灯光照明是提升外观设计效果的关键因素。可以通过合理的灯光布置和照明设计，突出店铺的特色和亮点，营造出舒适、温馨或时尚的购物环境。

4.6　材质选择

材质的选择也是外观设计中需要考虑的因素之一。可以选择环保、耐用且易于清洁的材质，确保店铺外观的美观和实用性。

5 店铺功能设计：实用至上，顾客至上

宠物店的设计不应局限于传统店铺的范式，装修不仅要追求美观，更要强调实用性，确保每一寸空间都能为宠物和顾客带来舒适与便利。

5.1 排风系统

宠物店的设计中，排风系统的重要性不容忽视。鉴于店内每天迎来送往各类宠物，难免产生异味，合理的通风布局对于维持店内空气清新至关重要。若通风设置不当，不仅气味难闻，还可能影响顾客体验，导致客源流失。因此，在宠物店设计之初，必须特别关注排风系统的设置，确保选用大功率排风扇，并合理布局，从而有效减少异味，为顾客营造宜人的购物环境。

5.2 排污系统

在宠物笼的设计上，需充分考虑排污需求。由于许多宠物店为提高空间利用率，会选择将宠物笼子叠放。然而，由于笼子需定期用水冲洗，因此排污系统的设计显得尤为重要。确保排污系统通畅，能够有效处理宠物笼的清洗废水，是宠物店设计中不可忽视的一环。

5.3 电力系统

宠物店的电力系统应稳定可靠，满足各种设备的使用需求。首先，要保证充足的照明，为顾客提供明亮的购物环境。其次，电力

系统还需支持电剪刀、吹风设备等宠物护理设备的运行。在极端天气条件下，如炎热的夏季或寒冷的冬季，空调设备也需依赖稳定的电力供应。因此，对电力系统进行精心规划，确保电力供应充足、稳定，是宠物店设计中的关键要素。

生意经

在宠物店的装修过程中，鉴于店内大量使用大功率电器，电线的选择至关重要。确保电线符合高负荷用电的标准，不仅能保障设备的正常运行，更能提升店内的安全性能。

5.4　地漏及防滑

店铺的大厅和洗漱区都应精心布局地漏，以确保在长时间清洁或冲洗地面时，水能迅速排出，避免积水。同时，地板砖建议采用防滑砖，因为店铺日常清洁过程中地面易产生水渍，使用防滑砖能有效防止顾客和宠物因水渍而滑倒，确保店铺的安全环境。

5.5　音乐系统

宠物店服务的核心虽在于宠物，但与其直接互动的却是宠物主人。音乐作为一种无形的环境元素，对人和宠物都有着不同的影响。选择舒缓的音乐，不仅能让人和宠物放松神经，营造舒适的氛围，还能在一定程度上降低外界噪声的干扰。因此，在店铺内适时播放柔和的音乐，不仅能提升顾客和宠物的整体体验，还能为门店增添一份独特的魅力。

6 店铺内部装饰：温馨舒适，宾至如归

店铺的内部装饰效果直接关乎其吸引力和顾客的心动程度。精心设计的室内装饰能够营造出优雅明亮的氛围，给客人留下深刻而美好的印象。

6.1 装修材料的选择

装修的首要任务是挑选合适的材料。市场上装修材料琳琅满目，包括大理石、塑料、木材、玻璃、皮革等，每一种都有其独特的质感和风格。店主需根据自身的经济状况和店铺定位，审慎选择适合的装饰材料和风格。

6.2 装修的细节

在装潢过程中，细节决定成败。通常，店内的装饰会从天花板、墙壁、地面三个方面进行综合考虑，确保每一处都体现出店主的精心设计和独特品位，具体如图3-2所示。

天花板	墙壁	地面
为了让宠物店空间感更为开阔，建议将天花板设计得稍高一些，以避免低矮的天花板带来的压抑感	在装修时，墙纸的使用确实为现代装修增添了许多便捷性。但须确保墙壁的整洁，同时慎重选择墙纸材料，避免使用易脱落、不易清洁的类型	对于宠物店的地面装修，强烈推荐采用耐脏、耐磨的材料，以抵御小动物们在地面上磨爪的习性，从而确保店铺的整洁与美观

图3-2 内部装修应考虑的细节

宠物店装修小技巧

打造一家优质的宠物店，既要满足客户的多样化需求，又需独具个性以吸引目光。那么，在装修宠物店时，有哪些关键要点需特别注意呢？

1.简约大气，舒适至上

宠物店的装修设计应追求简约大气，避免过于华丽的装饰。这样的设计能营造舒适氛围，使顾客更易关注店内产品，同时也有助于顾客记住店铺。

2.实用为主，功能多样

宠物店不仅销售宠物用品，还可能涉及寄养、美容等服务。因此，装修时既要考虑美观，更要注重实用性，确保店铺面积的高效利用。

3.规模匹配，避免过度

每位投资者都应明确，装修虽能提升店铺形象，但不应忽视店铺的本质。小面积店铺不宜追求过度豪华的装修，以免给顾客留下不真实的印象。

4.预算先行，内外兼修

若预算有限，建议先投入在货品、店租、人工等核心方面。待店铺运营稳定、利润增加后，再考虑改善装修，给顾客带来新鲜感，推动生意更上一层楼。

5.加盟连锁，遵循指导

若选择加盟连锁，应充分利用总部提供的开店方案，包括装修指导，确保店铺风格与品牌形象一致。

 案例分享

一、选址过程

1.市场调研与定位

（1）××宠物店在筹备阶段，进行了周密的市场调研，深入剖析了目标客户群体的喜好、竞争对手的分布格局，以及周边社区对宠物市场的具体需求。

（2）基于市场调研的细致分析，该店明确了自身在中高端市场的定位，力求为客户提供高品质的产品和卓越的服务。

2.地点选择

（1）在选址过程中，××宠物店充分考虑了人流量、交通便利性，以及周边商业环境的繁荣程度，最终选定了繁华商业区的一处地段作为店铺的落脚点。

（2）该地点不仅毗邻居民区，还靠近公园和学校，这种优越的地理位置能够更便捷地吸引潜在顾客，为店铺带来持续不断的客流。

二、装修过程

1.设计理念

（1）××宠物店秉承"温馨、舒适、专业"的设计精髓，致力于打造一个让顾客与宠物皆能享受其中的休闲空间。

（2）通过精心的空间布局与色彩搭配，营造出轻松、愉快、专业的氛围，让每一位踏入店铺的顾客都能感受到家一般的温暖。

2.空间布局

（1）宠物店精心划分为多个区域，包括产品展示区、宠物服务区以及休闲区，确保顾客在购物过程中能够轻松浏览商品、享受专业服务并舒适休息。

（2）产品展示区采用开放式货架与陈列架，使商品一目了然，方便顾客挑选；宠物服务区配备专业洗护设备与美容工具，提供一站式服务；休闲区则设有舒适的座椅与宠物玩具，为顾客与宠物提供一个休息娱乐的温馨角落。

3.色彩与材质

（1）店铺主色调采用柔和的米色和浅灰色，营造出温馨舒适的氛围。

（2）墙面采用环保涂料，地面选用防滑耐磨的瓷砖，确保店铺的安全性和持久性。

（3）家具和装饰物采用简约风格，与整体设计相协调。

4.照明与通风

（1）店内照明采用柔和的自然光和人工照明相结合的方式，确保各个区域都有充足的照明。

（2）安装新风系统，确保店内空气流通，减少异味和细菌滋生。

三、实施效果

××宠物店凭借精心的选址和独具匠心的装修，一经开业便迅速聚拢了众多顾客的目光。店铺的温馨氛围与卓越服务赢得了客户们的一致好评，业绩也呈现出稳健的增长态势。

案例点评：

××宠物店的选址与装修案例，无疑彰显了这两大要素在宠物店成功中的核心地位。在选址环节，店铺进行了深入的市场研究和精准的定位分析，最终择取了契合发展的优势地段。在装修上，不仅注重整体设计理念的传达和空间布局的优化，更在细节上精心打磨，营造出符合目标客户偏好的环境氛围。同时，店铺还严格把控品质与安全，确保每一处都经得起时间的考验。正是这样合理的选址与装修策略，使得××宠物店能够吸引更多顾客，树立鲜明的品牌形象，并在激烈的市场竞争中脱颖而出。

第 4 章

开业筹备与宣传

开店需从细枝末节开始，每一步都要用心对待，特别是在初始筹备阶段，更要确保面面俱到，无一遗漏。唯有充分重视并扎实做好前期筹备，方能确保未来经营之路的顺畅与成功。

【要点解读】▶▶▶ -

1 购买相应设备：武装到牙齿，准备开业

经营宠物店的设备需求，紧密关联于店铺的特性和规模。店主应当根据自身门店的实际运营情况，精确选择并配置必要的设备，以确保业务的顺畅进行。

1.1 设备需求评估

店主需根据宠物店的经营范围和规模，评估所需的设备类型和数量。

比如，若宠物店提供宠物美容服务，则需配置专业的洗澡台、高效吹风机以及专业剪刀等关键设备和工具，以满足服务需求。

店主在选购设备时，需注意如图4-1所示的几点。

要求一　根据实际需求，选择适合宠物店的规格型号和性能，从而提高宠物店的工作效率

要求二　需要考虑店铺的布局和空间大小，确保设备能够合理摆放，方便使用

要求三　选购的设备需要符合相关的安全标准，确保在使用过程中不会对宠物和员工造成伤害

图4-1　选购设备需注意的要点

1.2　选择合适的设备品牌和供应商

在购买设备时，店主要选择可靠的品牌和供应商，确保设备质量和售后服务，同时根据预算进行合理的选择。要对不同供应商的报价和质量进行比较，确保获得最具性价比的设备。

1.3　设备维护和更新

设备购置后，需要进行调试、定期维护和保养，确保设备的正常运行。同时，根据市场需求和技术更新，适时更新设备，以提升宠物店的竞争力。

宠物店必备设备清单

一、客户接待设备

（1）客户接待台

宠物店的接待台，作为与顾客交流的重要桥梁，应配备齐全的办公设备，如电脑、电话、传真机及复印机，以便更高效地接收并处理顾客的咨询与服务需求，为顾客提供细致周到的服务。

（2）视听娱乐设施

在等待期间，为了让顾客感受到对宠物的关怀与热情，店内可设置电视及播放器，播放宠物相关的视频或教育养护知识，为顾客创造轻松愉快的等候环境。

（3）空气净化器

鉴于宠物店宠物众多，店内空气质量尤为重要。空气净化器在此扮演着不可或缺的角色，它能够有效去除空气中的异味和细菌，确保店内空气清新，为顾客和工作人员提供健康舒适的工作与购物环境。

二、销售设备

（1）收银与结算系统

为确保顾客消费流程的顺畅与高效，店内不可或缺收银机或POS机，它们能够迅速计算顾客选购商品的总额，实现即时结算，极大地提升服务效率。

（2）条码识别设备

此外，配备一台先进的条码扫描器对于店铺运营同样至关重要。它不仅能够迅速记录固定价格的商品信息，提高工作效率，还能有效避免人为错误，确保数据的准确性。

（3）标签打印设备

为了更好地管理宠物产品，店内还需配置标签打印机。它能够轻松打印出宠物产品的价格标签，不仅便于管理，还能让顾客在选购时一目了然，提升购物体验。

三、宠物护理设备

（1）宠物用品展示柜：用于展示宠物用品，如衣物、玩具、牵引带等。

（2）宠物洗浴设备：包括宠物洗浴台、宠物浴盆、宠物电吹风、宠物剃毛器、宠物干燥机等，用于宠物洗浴美容服务。

（3）宠物保健设备：包括宠物体温计、宠物保健器具（如眼药水）、宠物医药设备（如血压计、体温计、手术器械）等，用于宠物的保健。

（4）宠物食品制作设备：如搅拌机、磨粉机、打蛋器等。这些机器可以帮助宠物店快速、方便地制作出高质量的宠物食品，提高工作效率。

（5）其他宠物设备：如宠物笼、宠物运输箱、宠物垫子、宠物尿布和清洁工具等。

四、店铺管理设备

（1）安全监控系统

为确保宠物在店内的安全，安装一套全方位的安全监控系统至关重要。该系统能够实时监控店内各个角落，及时发现并处理任何异常情况，为宠物提供一个安全无忧的环境。

（2）网络设备

在数字化时代，宠物店需要利用先进的网络设备来迅速响应消费者需求，并积极推销宠物产品和服务。这些网络设备不仅有助于建立网络宣传业务，还能支持网上商店的运营，提升商业宣传的效率和范围。

2 采购所需货品：货源充足，顾客满意

采购货品是宠物店开业筹备中至关重要的一环，需要结合店铺定位、市场需求、供应商选择以及成本控制等因素进行综合考虑，以确保采购到高品质、安全可靠的宠物用品，具体如表4-1所示。

表4-1 采购货品的要点

序号	要点	具体说明
1	确定货品需求	在采购前，首要任务是明确店铺的定位和目标客户群体，这将直接决定货品的采购选择。若店铺专注于宠物用品销售，则需采购如宠物玩具、食盆、牵引绳等多样化产品；若店铺还提供宠物美容服务，那么宠物洗发水、护理液等美容产品同样不可或缺
2	选择供应商	为确保货品质量与供应稳定，选择可靠的供应商至关重要。店主可通过参与宠物用品展会、在线平台搜索或向同行咨询等方式，寻觅合适的供应商。在选择时，务必综合考察其产品质量、价格、供货能力及售后服务等多方面因素，确保合作顺利

序号	要点	具体说明
3	制订采购计划	制订详尽的采购计划，涵盖货品种类、数量及预算等关键要素。根据店铺规模和经营需求，合理规划采购周期与库存量，以预防库存积压或断货现象，确保店铺运营顺畅
4	注重品质与安全	宠物用品的质量直接关系到宠物的健康与安全。在采购过程中，务必关注产品的品质与安全性能，选择符合国家标准的正规品牌产品，避免采购劣质或"三无"产品，为宠物提供安全、可靠的用品
5	考虑价格与利润	在采购货品时，成本和利润之间的平衡至关重要。既要确保货品质量上乘，又要控制采购成本，以实现合理的利润空间。店主可通过与供应商谈判、批量采购等方式降低成本，提高经营效益

 生意经

随着宠物市场与客户需求的日新月异，店主在后续经营中需持续更新与调整货品采购策略。务必定期洞察市场潮流与新产品动向，灵活补充与调整货品组合，确保始终贴合客户的多元化需求，从而在竞争激烈的市场中立于不败之地。

相关链接

进货渠道大盘点

1.从厂家直接进货

与宠物用品生产厂家直接联系，协商进货，确保产品质量，减少中间环节。然而，对于小型宠物店而言，较大的进货量可能带来一定压力。

2.到批发市场进货

在批发市场进货可灵活调整库存，降低积压风险。但需注意货品来源和新鲜度，且价格可能并非最低。

3.从代理商处进货

国内外品牌或厂商均设有代理层级，通过代理进货可覆盖更广的市场，但多层加价会增加进货成本。

4.从电商平台进货

随着电商的兴起，网上批发成为新选择，价格较低但需考虑物流费用。

5.加盟连锁店进货

加盟连锁店可享受总部提供的货源支持，无需担忧进货渠道。

6.国外代购

对于国外特色宠物用品，代购成为可选项，虽价格较高，但品质有保障。

此外，店主还可参加当地宠物用品展览会，与众多批发商或制造厂商面对面交流，进一步拓宽采购渠道，为店铺注入更多新鲜血液。

3 办理相关手续：合法经营，安心开业

即便是规模再小的店铺，开业前也必须办理一系列手续，确保自身经营行为符合国家法律、法规和行业标准。为了让业务开展得更加顺利，经营者需认真办理以下手续。

3.1 选择经营主体

当前，常见的经营组织形态包括个体工商户、个人独资企业、一人有限责任公司、合伙企业、有限责任公司及股份有限公司等。各类经营主体在设立条件、个人责任、税务优惠及法律责任方面均有所不同。经营者应根据自身情况和需求，选择最适合的经营主体形式。同时，建议寻求专业人士或律师的咨询，以获得更为精准的建议。

3.2 办理营业执照

营业执照是工商行政管理机关授予工商企业和个体经营者从事特定生产经营活动的官方凭证，其标准格式由国家市场监督管理总局统一制定。未持有营业执照的工商企业或个体经营者严禁开业，不得刻制公章、签署合同、注册商标、发布广告，且银行将拒绝为其开设账户。申请人需携带本人身份证、营业场所证明等必要材料，前往当地工商部门进行申请。

生意经

自2016年10月1日起，营业执照、组织机构代码证、税务登记证、社会保险登记证和统计登记证实施"五证合一"。

3.3　申请许可证

根据所在地的规定，经营者还需要申请特定的许可证件。

比如，售卖活体宠物需要办理《犬类经营许可证》；饲养宠物需要申请《宠物饲养许可证》；开展宠物医疗服务还需办理《动物诊疗许可证》以及《兽医从业资格证》等。

若经营者选择加盟宠物连锁集团，还应获得相应的企业品牌使用权。

3.4　注册商标

如果想做好自己的品牌，可以考虑注册商标，注册自己的商标可以在全国范围内对自己的品牌进行保护，并增加投资合股的品牌估价。注册商标需要提供营业执照。各地都有商标注册服务公司，也可以选择知名的商标代理网站进行商标注册。

3.5　开立对公账户

选择一家合适的银行，准备好相关材料，如身份证、营业执照等，前往银行开立企业账户。

经营者可根据店铺的具体情况看是否需要办理，如果是比较小的店铺，用不上对公账户，前期也可以暂不办理。

3.6　申请发票

经营者携带相关材料前往当地税务机关，按规定程序申领发票。

生意经

　　不同的城市，所需的证件可能不一样。经营者应根据当地政策和实际情况，在办理手续时，咨询当地相关部门或专业人士，以确保办理手续的准确性和合规性。

4　开业宣传造势：造势先行，火爆开业

　　店铺开业前期宣传工作，做好了对后期的发展有着很好的促进作用。因此，店主在开业之前，一定要做好宣传工作，这样才能让开业活动效果最大化，具体方式有图4-2所示的几种。

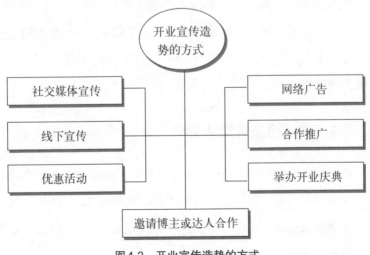

图4-2　开业宣传造势的方式

4.1 社交媒体宣传

充分发掘微博、微信、抖音等社交媒体平台的影响力，发布宠物店的开业盛典、独特服务与诱人优惠。精心制作的海报与短视频将展示店铺的温馨环境、精选宠物用品以及专业的宠物美容服务，从而吸引广大潜在客户的目光。

4.2 线下宣传

在店铺周边地区，通过发放精美的宣传单页或悬挂醒目的横幅，向居民和路人传递宠物店的开业信息。同时，积极寻求与周边社区、商圈及学校等组织的合作机会，共同举办宠物相关的活动，以此扩大店铺的知名度和影响力。

4.3 优惠活动

在开业之际，推出一系列令人心动的优惠活动，如全场折扣、买一赠一、满额立减等，以此吸引客户踊跃前来消费。特别设置的开业限定商品与礼品，让顾客在享受优惠的同时，也能感受到店铺的诚意与用心。

4.4 邀请博主或达人合作

邀请知名的宠物博主或达人到店体验，并在各大平台分享他们的真实感受与体验。借助他们的粉丝基础与影响力，将店铺的开业信息传递给更多潜在客户，让更多人了解并关注你的宠物店，为你的事业注入更多活力。

4.5　网络广告

利用社交媒体广告等在线平台，精确投放宠物店开业广告，针对特定地理位置和目标受众进行定制化宣传，确保广告效果最大化。

4.6　合作推广

积极寻求与宠物医院、宠物训练学校等相关商家或机构的合作机会，通过互相推荐、共享客户资源等方式，扩大市场份额，形成互利共赢的局面。

4.7　举办开业庆典

在宠物店开业当天，精心策划一场盛大的庆典活动，如宠物才艺展示、趣味互动游戏、幸运抽奖等，吸引众多宠物爱好者和社区居民的参与，提升店铺的知名度和曝光度，营造热烈喜庆的氛围。

🔗 相关链接

开业活动策划指南

在宠物店开业之际，店主可举办开业庆典或活动，吸引客户前来参观和消费。常见的开业活动有以下几种。

1.开业庆典

举办盛大的开业庆典活动，邀请客户、邻居和当地媒体参加。可以有舞台表演、音乐、舞蹈等娱乐节目，同时提供免费的小吃和饮料。

2.免费美容护理

提供免费的宠物美容护理服务，如洗澡、修剪、造型等。吸引客户前来体验，并在活动期间提供特别优惠。

3.宠物训练课程

举办免费或特价的宠物训练课程，帮助客户解决宠物行为问题，并展示你店内专业的训练师团队。

4.宠物时装秀

组织宠物时装秀活动，邀请客户带着自己的宠物参加。可以设立奖项并提供礼品，增加互动和娱乐性。

5.宠物摄影活动

邀请专业摄影师来店内为客户的宠物拍摄照片。可以提供特别优惠和包装，让客户留下美好的回忆。

6.宠物品种展示

邀请专业养殖者或宠物协会来店内展示特殊品种的宠物，如纯种猫狗、爬行动物等。提供专业的解说和咨询，吸引客户前来了解和购买。

7.宠物健康咨询

邀请兽医或宠物健康专家来店内提供免费的健康咨询和体检服务。可以为客户解答关于宠物健康和护理方面的问题，并推荐适合的保健产品。

8.社交媒体互动

在开业活动期间，鼓励客户在社交媒体上分享他们参加活动的照片和视频，并使用特定的标签或主题。可以设立抽奖活动，从中抽取幸运客户并赠送特别礼品或优惠券。

9.宠物竞赛

举办宠物竞赛，如最可爱宠物、最有趣技能、最时尚造型等。邀请客户带着自己的宠物参加比赛，并设立奖项和奖品。

10.慈善活动

与当地的动物保护组织或慈善机构合作，举办慈善活动。可以捐赠部分销售额或举办义卖活动，为流浪动物筹集资金和资源。

11.促销和特价

在开业期间提供特别的促销和特价优惠，如买一送一、打折销售等。吸引客户前来消费，并增加销售额。

12.客户回馈

为初次光顾的客户提供优惠券、折扣或赠品，并设立积分制度或会员计划，以激励他们再次光顾并推荐给其他人。

在进行宠物店开业活动时，要确保活动内容与目标受众相关，并提供有吸引力的奖品和优惠。同时，积极利用社交媒体和其他渠道进行宣传，吸引更多客户参与活动。记得在活动期间提供优质的服务和体验，以留下良好的印象，并促使客户成为长期忠实的客户。

一、前期筹备阶段

1.市场调研与选址

（1）××宠物店在筹备之初，便进行了深入的市场调研，细致分析了目标客户群体的喜好、竞争对手的经营状况以及宠物市场的整体发展趋势。

（2）基于调研结果，我们精心挑选了位于城市繁华商业区的店面，其优越的地理位置保证了交通便利和人流量大，为店铺的未来发展奠定了坚实基础。

2.店铺装修设计

（1）为营造与品牌定位相符的购物环境，我们特邀专业设计团队，以温馨、舒适且具有吸引力的风格对店铺进行了装修设计。

（2）在装修过程中，我们特别注重细节处理，无论是宠物用品的陈列方式还是客户休息区的布置，都力求达到最佳效果，确保每一位顾客都能有优质的消费体验。

二、员工招聘与培训

1.员工招聘

（1）在各大知名招聘平台广泛发布招聘信息，精心筛选具备宠物行业经验和卓越服务态度的应聘者。

（2）经过多轮严谨的面试和实操考核，确保选拔出的员工完全符合店铺的高标准要求。

2.员工培训

（1）为新入职的员工提供了一套全面的培训课程，内容涵盖宠物知识、产品知识、销售技巧以及客户服务等多个方面。

（2）通过实际案例分析、角色扮演等互动方式，我们致力于提升员工的实际操作能力和服务意识，确保他们能够为顾客提供优质的服务。

三、货品准备与进货

1.货品准备

（1）深入分析市场需求与店铺定位，精心策划货品清单，涵盖宠物食品、精选玩具及日常用品等，以满足顾客的多样化需求。

（2）为确保货品的品质与供应稳定，与多家优质供应商建立了长期稳定的合作关系。

2.进货管理

（1）根据销售动态与库存状况，制订了灵活的进货计划，适时调整进货量，确保货品充足且不过度积压。

（2）为提升管理效率，建立了完善的库存管理制度，对货品实施细致分类、精确编号，并定期进行盘点，确保库存数据的准确性和货品的安全性。

四、开业活动策划

1.宣传推广

（1）利用社交媒体、线下传单等方式进行开业宣传，吸引潜在客户的关注。

（2）与周边商家合作，进行联合推广，扩大店铺的知名度和影响力。

2.开业活动

（1）策划了开业促销活动，如满减、折扣等，吸引客户进店消费。

（2）举办了宠物互动活动，如宠物摄影比赛、宠物表演等，增强客户与店铺的互动和黏性。

五、开业当天

1.现场布置

（1）在开业当天，对店铺进行了精心的布置，包括花篮、气球等装饰物的摆放。

（2）准备了充足的开业礼品和宣传资料，供客户领取和了解店铺信息。

2.员工安排

（1）对员工进行了明确的分工和安排，确保开业当天的各项工作能够顺利进行。

（2）店长和资深员工负责现场管理和客户服务，确保客户能够得到满意的消费体验。

案例点评：

通过精心的筹备和安排，XX宠物店顺利开业，开业当天吸引了大量客户进店消费，为后续的经营奠定了坚实的基础。

第 5 章

商品管理与销售

宠物店的商品管理，作为一项关键且错综复杂的任务，涵盖了从采购、入库、陈列到销售以及库存监控的全方位流程。通过精心策划和高效执行这一流程，宠物店不仅能显著提升顾客满意度和忠诚度，还能有效推动业务的稳健发展。

【要点解读】▶▶▶ ━━━━━━━━━━━━━━━

1 商品采购策略：精挑细选，货源无忧

通过制定合理的采购策略，宠物店可以确保货源的稳定性、降低成本并提高客户满意度。以下是一些关键的采购策略，可供宠物店参考。

1.1 需求分析

店主要对店铺的客户需求进行深入分析。了解宠物品种、年龄、健康状况等信息，以及客户对宠物食品、用品、玩具等商品的偏好。

通过定期调查、客户反馈等方式，不断更新需求数据，为采购决策提供依据。

1.2　供应商选择

选择稳定、可靠的供应商是采购策略的重要组成部分。要确保供应商具有良好的信誉、优质的产品和合理的价格。同时，与供应商建立长期稳定的合作关系，有助于确保货源的稳定性并降低采购成本。

1.3　集中采购与分散采购

根据商品种类和需求量的不同，可以采取集中采购或分散采购的方式。对于需求量大、价格波动较小的商品，可以采取集中采购的方式，以降低采购成本。对于需求量小、种类繁多的商品，可以采取分散采购的方式，以满足客户的个性化需求。

1.4　定期采购与紧急采购

制订合理的采购计划，按照计划进行定期采购。同时，为应对突发情况或季节性需求变化，可以设立紧急采购机制，确保货源的及时补充。

1.5　多样化采购

为了满足不同客户的需求，宠物店可以考虑从多个渠道采购商品，包括品牌方、代理商、宠物用品展、线上订货平台等。这样可以增加商品的多样性，提高客户的满意度。

2 商品入库管理：井然有序，高效运营

宠物店商品入库管理是一个重要的环节，它涉及商品的接收、核对、分类、记录等多个步骤。如表5-1所示的是宠物店商品入库管理的关键要点。

表5-1　商品入库管理要点

序号	管理要点	具体说明
1	商品接收与核对	在商品到达宠物店后，首先要进行商品的接收和核对工作。这包括检查商品的数量、种类、规格是否与采购订单一致，以及检查商品的质量和保质期是否符合要求。如果发现商品有损坏、过期或不符合规格等问题，应及时与供应商联系并处理
2	商品分类与标识	为了方便管理和查找，应对入库的商品进行分类，并贴上相应的标签或标识。可以按照商品的性质、用途、品牌等因素进行分类，例如宠物食品类、用品类、玩具类等。同时，对于每类商品，可以使用不同的颜色或编码进行标识，以便于员工快速识别和取货
3	记录与信息管理	对于入库的商品，应建立完善的记录和信息管理系统。包括记录商品的名称、数量、规格、生产日期、保质期等信息，并输入到宠物店的管理系统中。这样可以方便后续对商品进行查询、统计和分析，为店铺的经营管理提供数据支持

生意经

为了提高商品入库管理的效率和质量，应对员工进行相关的培训和教育。使员工了解入库管理的流程和要求，掌握正确的操作方法和技巧。同时，要明确员工的责任和义务，确保他们能够认真履行入库管理的职责。

3 商品陈列管理：吸引目光，促进销售

宠物店的商品陈列管理对于吸引客户、提升销售和提升店铺形象都起着至关重要的作用。如表5-2所示的是商品陈列的要点。

表5-2　商品陈列的要点

序号	陈列要点	具体说明
1	明确陈列目标	商品陈列的目的是吸引客户注意，提升购买欲望，并方便客户选择。因此，陈列设计应突出店铺特色和品牌形象，同时考虑客户的需求和消费习惯
2	合理布局陈列空间	根据店铺大小和空间结构，合理规划商品陈列区域。确保每个区域都有足够的空间来展示商品，并保持整体的协调性和美观性。同时，考虑客户的行走路线和视线范围，将热门商品和高利润商品放在显眼的位置
3	清晰标识	清晰标注商品价格、促销信息和产品特点，方便客户了解产品信息并做出购买决策
4	注意分类和组合	将同类商品放在一起，方便客户比较和选择。同时，利用商品的互补性进行组合陈列，提升整体的销售效果。例如，可以将宠物食品与宠物玩具组合陈列，吸引客户一站式购齐所需商品
5	注重陈列的视觉效果	利用灯光、色彩、道具等元素，营造吸引人的陈列效果。确保商品摆放整齐、有序，避免杂乱无章。同时，关注商品的包装和展示方式，使其更具吸引力和诱惑力
6	季节性调整	根据季节性需求变化调整商品陈列。例如夏季可以推出清凉用品，冬季可以推出保暖用品等
7	设立促销区域	设立专门的促销区域展示打折或特价商品，吸引客户寻找优惠产品并增加购买欲望
8	定期更新陈列	随着季节变化、节日活动以及新产品上市等因素，适时调整陈列布局和商品组合，保持店铺的新鲜感和活力
9	维护陈列的整洁和完好	定期检查商品陈列状态，及时清理灰尘和杂物，保持陈列区域的清洁和美观。对于损坏或过期的商品，及时下架并处理，避免影响整体陈列效果

4 商品库存管理：合理控制，避免积压

通过科学的管理和精细化的操作，可以确保库存的稳定性和安全性，提高店铺的运营效率和客户满意度。以下是宠物店商品库存管理的关键步骤和策略。

4.1 合理的仓库规划与布局

（1）根据宠物店的规模和业务需求，合理规划仓库空间，确保各类商品能够有序摆放。

（2）设立明确的区域划分，例如宠物食品区、用品区、玩具区等，以便于员工快速找到所需商品。

4.2 库存数量控制

（1）设定合理的库存量，既要满足日常销售需求，又要避免过多库存导致的积压和浪费。

（2）定期进行库存盘点，确保实际库存与系统记录一致，及时发现并解决库存差异问题。

4.3 库存周转与先进先出原则

（1）遵循先进先出的原则，确保先入库的商品先被销售，降低商品过期或损坏的风险。

（2）关注库存周转率，通过合理的采购和销售策略，加快库存周转速度，提高资金使用效率。

4.4　库存预警与补货机制

（1）设定库存预警线，当库存量低于预警线时，及时触发补货机制，确保商品供应不断档。

（2）与供应商建立稳定的合作关系，确保在需要补货时能够及时获得货源。

4.5　库存分析与优化

（1）定期分析库存结构，了解各类商品的销售情况，哪些是滞销品，哪些是畅销品等，为采购和销售策略提供依据。

（2）根据分析结果，调整库存结构，优化库存品种和数量，提高库存周转率和利润率。

4.6　库存安全与防护

（1）确保仓库环境干燥、通风、清洁，防止商品受潮、霉变或污染。应根据商品的特性和要求，选择合适的储存方式和环境。例如，对于需要防潮的商品，应放在干燥通风的地方；对于需要避光的商品，应使用遮光材料进行包装。

（2）采取有效的防盗措施，确保商品安全，避免损失。

生意经

店主可以考虑使用宠物店管理系统进行库存管理，通过系统实现库存数据的实时更新、查询和分析等功能，提高库存管理的效率和准确性。

5 商品价格管理：明码标价，公平公正

宠物店商品价格管理涉及店铺的盈利、客户满意度以及市场竞争力等多个方面，通过科学的管理和灵活的调整，可以制定出既符合市场需求又有利于店铺盈利的价格策略。

5.1 制定定价策略

定期对市场上同类商品的价格进行调研，了解竞争对手的定价情况。根据自身店铺的定位、目标客户群体以及商品品质，制定合适的定价策略。宠物店常用的定价策略有表5-3所示的几种。

表5-3　宠物店定价策略

序号	定价策略	具体说明
1	成本导向定价	首先，计算商品或服务的成本，包括进货成本、运输费用、仓储费用、员工工资等。在成本基础上，加上期望的利润率，得出商品的售价。这种策略确保了店铺的基本盈利
2	市场导向定价	深入了解市场上同类商品或服务的定价情况，特别是竞争对手的定价。根据市场调研结果，结合店铺定位和目标客户群体，制定具有竞争力的价格
3	价值定价	强调商品或服务的独特价值和优势，如高品质、独特设计或附加服务等。根据这些价值点，制定相对较高的价格，吸引愿意为品质和服务支付更多费用的客户
4	促销定价	利用促销活动吸引客户，如折扣、满减、买赠等。通过促销活动，提高客户购买意愿和客单价，同时增加店铺知名度和口碑
5	会员定价	设立会员制度，为会员提供专属优惠和折扣。通过会员定价策略，增加客户黏性，提高复购率

序号	定价策略	具体说明
6	分级定价	根据商品或服务的品质、档次和客户需求，设定不同的价格区间。分级定价可以满足不同客户的消费需求，提高店铺的销售额和利润
7	心理定价	利用价格心理学原理，设定具有吸引力的价格，如整数定价、尾数定价等。心理定价有助于提升客户的购买欲望和满意度

在制定定价策略时，宠物店还需注意如图5-1所示的几点。

图5-1　制定定价策略的注意要点

5.2　成本核算

精确核算商品的成本，包括进货成本、运输费用、仓储费用、人员工资等。在确保盈利的前提下，合理设定利润空间，避免价格过高或过低。

5.3　促销活动与折扣管理

设计有吸引力的促销活动，如满减、买赠、会员优惠等，提高客户的购买欲望。对折扣活动进行严格管理，避免过度折扣导致利润损失。

5.4 动态调价机制

根据市场需求、季节性变化以及节假日等因素，灵活调整商品价格。例如，在旺季或节假日期间适当提高价格，在淡季则给予一定折扣以吸引客户。

5.5 价格透明与公平

确保商品价格清晰明了，避免客户产生疑虑或不满。对所有客户保持价格公平，避免价格歧视或差别对待。

5.6 价格与质量的平衡

在定价时，要充分考虑商品的质量和价值，确保价格与质量相符。避免因价格过低而损害店铺形象或影响客户对商品的信任度。

5.7 客户反馈与调整

定期收集客户对商品价格的反馈意见，了解客户的接受程度。根据客户反馈和市场变化，适时调整商品价格策略。

6 商品线上销售：线上线下，双管齐下

线上销售模式不仅能为宠物店提供更广阔的市场和更多的潜在客户，也能为宠物主人提供了更加便捷和丰富的消费体验。

6.1 选择线上销售方式

宠物店打通线上销售渠道的方式有以下几种：

（1）自建官方网站

现代年轻人都追着时尚潮流走，喜欢上网浏览、购物，发掘新的商品信息。所以在网上建立一个精美的小网站也是大势所趋。宠物店可以建立一个用户友好的网站或手机应用APP，让客户可以在上面浏览和选择商品，并进行在线下单。要确保界面简洁清晰，易于导航和使用。

（2）开通在线商城

选择一个可信赖和易于使用的电商平台，常见的选择有淘宝、天猫、京东、拼多多等，建立自己的线上宠物用品店。这些平台都有各自的优缺点，店主需要根据目标市场、产品特点和预算来做出决策。

（3）入驻外卖平台

第三方外卖平台拥有市场上最大的外卖流量，靠抽佣和第三方合作盈利。宠物店可以考虑与第三方外卖平台合作，如美团、饿了么等。通过与这些平台合作，宠物店可以扩大曝光度，并吸引更多客户。

6.2 商品展示与描述

进行线上销售时，商品展示和描述至关重要。要确保商品图片清晰、美观，能够充分展示商品的特点和优势。同时，商品描述要详细、准确，包括尺寸、材质、适用对象等信息，以便客户更好地了解商品。

6.3 价格策略

制定合理的价格策略是吸引客户的关键。要充分考虑成本、市场需求和竞争状况，制定出具有竞争力的价格。同时，可以利用促销活动、会员优惠等方式吸引客户，提升销售额。

6.4 优化外卖包装

宠物店提供宠物用品外卖服务时，产品包装非常重要，它不仅要保护商品的完整性和新鲜度，还要给客户留下良好的印象。如表5-4所示的是一些优化宠物店外卖产品包装的建议。

表5-4 优化宠物店外卖产品包装的建议

序号	优化建议	具体说明
1	选择适当的包装材料	根据商品的性质选择合适的包装材料。例如，对于干燥食品可以使用密封袋或纸盒，对于湿润食品可以使用密封塑料盒或密封袋，务必确保包装材料符合食品安全标准
2	保持新鲜度	对于易腐食品，如生肉或新鲜食材，使用保鲜膜、保鲜袋或密封容器来保持其新鲜度。可以考虑使用冷藏包装或冰袋来确保在配送过程中温度控制良好
3	防止破损	选择坚固耐用的包装材料，以防止商品在运输过程中受到破损。可以使用泡沫垫或填充物来减少震动和碰撞
4	提供清晰标识	在包装上清晰地标识商品名称、数量和有效期等重要信息。这样有助于客户识别商品，并确保他们了解商品的使用和保存方式
5	品牌展示	在包装上印刷宠物店的品牌标识和联系方式，增加品牌曝光度。可以考虑使用定制的包装袋或盒子，以展示宠物店的专业形象
6	环保考虑	选择可回收或可降解的包装材料，以减少对环境的影响。避免使用过多的包装材料，尽量简化包装设计

序号	优化建议	具体说明
7	提供附加物品	考虑在包装中添加一些额外的小礼品或优惠券，以增加客户的满意度和忠诚度，可以是一些小样品、宠物小玩具或折扣券等
8	安全封条	在包装上使用安全封条，确保商品在运输过程中不被篡改或污染，这样有助于建立客户对外卖产品安全性和质量的信任
9	用户友好设计	确保包装易于打开和关闭，并提供清晰易读的使用说明。考虑到客户可能需要分次食用食品，提供易于保存或需再加热等的建议
10	反馈机制	在包装上提供客户反馈的渠道，如扫描二维码或提供联系方式。这有助于客户提供意见和建议，以促使店铺改进包装和外卖服务

 生意经

　　通过优化外卖产品的包装，宠物店可以提供更好的客户体验，并增加客户对宠物店的信任和满意度。同时，合规经营并遵守相关法规，如食品安全法规等。通过提供高质量、安全、环保的包装，宠物店可以在外卖市场中脱颖而出，并吸引更多客户选择外卖服务。

6.5　配送与售后服务

　　线上销售的配送和售后服务同样重要。首先，宠物店需要与可靠的物流合作伙伴建立合作关系，确保商品能够准时、安全地送达客户手中。如表5-5所示的是外卖配送服务要点。

表5-5　外卖配送服务要点

序号	注意要点	具体说明
1	配送范围	确定外卖配送的范围，根据宠物店的位置和配送能力来设定。可以选择在一定距离内提供配送服务，或者根据订单金额或数量来设定免费配送的条件
2	配送时间	确定外卖配送的时间段，确保能够在客户期望的时间内完成配送。可以根据实际情况设定固定时间段或灵活调整
3	配送方式	选择合适的配送方式，可以是自有配送团队、第三方快递公司或合作伙伴配送。确保选择可靠、高效的配送方式，并与之建立良好合作关系
4	包装和保鲜	为外卖商品准备适当的包装，确保商品在运输过程中不受损坏。对于易腐食品或需要保鲜的商品，考虑使用保温箱或冷藏包装来保持商品新鲜度
5	配送费用	确定外卖配送的费用标准，可以根据距离、订单金额或重量来设定。可以提供免费配送的促销活动，吸引客户使用外卖配送服务
6	配送跟踪	提供配送跟踪功能，让客户可以实时了解订单的配送状态。可以通过短信、邮件或手机应用等方式向客户发送配送更新信息
7	客户签收	确保客户在收到商品时进行签收，并记录签收信息。这样有助于解决潜在的纠纷，并提供更好的客户服务
8	客户反馈	建立反馈机制，让客户可以对外卖配送服务进行评价或提供意见。根据客户反馈进行改进和优化，提高外卖配送服务的质量和客户满意度
9	合规经营	遵守相关法规和规定，如食品安全法规等。确保外卖商品符合食品安全标准，并配合相关部门进行检查和认证

宠物店可以与专业的配送服务合作，确保商品能够及时、安全地送达客户手中。也可以选择自有配送团队或第三方配送平台，根据需求和预算进行选择。

其次，宠物店对于线上销售的商品也要提供便捷的退换货服务，以及友好的客户咨询和投诉处理机制。这样不仅可以提高客户的满意度，还可以增强客户对宠物店的信任感。

6.6 营销推广

开通线上商城后，要进行有效的营销推广，提高店铺的知名度和曝光率。可以利用社交媒体、广告投放、合作推广等多种方式进行宣传，吸引更多潜在客户。同时，要注重线上线下的互动，将线上商城与实体店结合起来，以提高整体销售业绩。

案例分享

某知名连锁品牌宠物店，专注于为宠物主人提供一站式的消费体验。随着市场竞争的加剧和客户需求的多样化，该品牌意识到商品管理对于提升销售业绩和客户满意度至关重要。因此，他们开始实施一系列精细化的商品管理策略。

1.商品分类与采购策略

（1）商品分类：该品牌将商品细分为宠物食品、用品、玩具、保健品等多个类别，并为每个类别设定了不同的采购和销售策略。

例如，宠物食品类商品注重品质和口感，用品类商品注重实用性和安全性。

（2）采购策略：根据历史销售数据、市场需求预测以及库存情况，制订详细的采购策略。采购团队与多个可靠的供应商建立长期合作关系，确保商品供应的稳定性。同时，他们还定期参加行业展会和新产品发布会，了解最新的市场动态和产品趋势。

2.库存管理与控制

（1）库存预警系统：该品牌采用先进的库存管理系统，实时监控商品的库存数量和销售情况。当库存量低于预设的预警线时，系统会自动触发补货机制，通知采购团队及时补货。

（2）库存优化：系统根据历史销售数据和市场需求预测，为采购团队提供科学的库存建议。采购团队根据建议调整采购量，避免库存积压和浪费。同时，他们还定期对库存商品进行盘点和清理，确保库存数据的准确性。

3.商品陈列与展示

（1）陈列布局：店铺内商品按照类别和品牌进行有序摆放，方便客户查找和挑选。同时，利用陈列架、展示柜等道具，将热销商品和特色商品突出展示，以吸引客户的注意力。

（2）视觉营销：注重商品的视觉呈现效果，利用灯光、色彩等视觉元素营造出温馨、舒适的购物环境。同时，定期更换陈列布局和展示道具，保持店铺的新鲜感和吸引力。

4.销售分析与策略调整

（1）销售数据分析：定期对销售数据进行深入分析，了解各类商品的销售情况、客户购买偏好以及市场趋势。通过对比不同时间段、不同门店的销售数据，找出销售波动的原因和规律。

（2）策略调整：根据销售数据分析结果，调整商品结构、价格策略以及促销方案等。例如，对于销量不佳的商品，可以通过降价促销、搭配销售等方式提升销量；对于热销商品，可以适当提高价格或增加库存量以满足市场需求。

5.客户服务与反馈收集

（1）专业服务：店员经过专业培训，能够为客户提供专业的商品推荐和售后服务。他们能够根据宠物的品种、年龄、健康状况等因素，为客户推荐合适的商品。

（2）反馈收集：通过线上调查和线下访谈等方式，收集客户对商品和服务的反馈意见。针对客户提出的意见和建议，及时进行调整和改进，提升客户满意度和忠诚度。

案例点评：

通过以上商品管理策略的实施，该连锁品牌宠物店成功提升了销售业绩和客户满意度，树立了良好的品牌形象和市场口碑。

第 6 章

员工管理
与维护

关键词：
明确职责
激励成长
团队合作

宠物店员工是维系店铺日常运营的核心力量，员工工作表现与顾客满意度直接关乎宠物店的稳健前行与持续发展。通过精心策划的员工招聘策略与科学管理，能够构建一个业务精湛、高效协作、团结一心的团队，为顾客提供无微不至的宠物关爱与服务。

【要点解读】 ▶▶▶ -

1 员工招聘管理：精挑细选，组建精英团队

激烈的市场竞争的本质乃是人才的竞争。随着行业标准的提升，现代宠物店对宠物领域专业人才的需求日益迫切，众多宠物专业技术型人才的涌现，无疑为宠物店的发展注入了强劲动力。特别是对于那些新开设的宠物店而言，员工的选拔与招聘更是至关重要的环节，它直接关系到店铺未来的竞争力和发展潜力。

一般来说，员工招聘的步骤如图6-1所示。

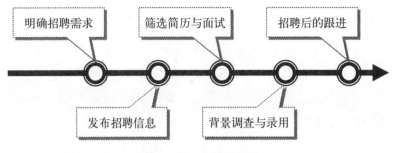

图6-1　员工招聘的步骤

1.1　明确招聘需求

首先，宠物店必须清晰地界定所需招聘的职位，如宠物顾问、宠物护理员、收银员等，并为每个职位撰写详尽的职位描述和职责要求。这些要求应明确反映出每个职位的核心职责和期望成果。

其次，基于职位需求，应明确应聘者需具备的技能和经验，如丰富的宠物护理知识、卓越的客户服务技巧等，以确保招聘到的人才能够胜任职位。

1.2　发布招聘信息

为了吸引更多潜在的应聘者，宠物店应充分利用招聘网站、社交媒体以及宠物店官网等多渠道发布招聘信息。信息中应涵盖职位名称、详细的职位描述、工作地点、工作时间安排以及具有竞争力的薪资待遇等关键要素，从而吸引那些符合店铺需求的应聘者。

1.3　筛选简历与面试

在收到应聘者的简历后，宠物店应仔细筛选，初步挑选出符合

职位要求的候选人。随后，邀请这些候选人参加面试，面试流程可包括初步面试和复试，以便更全面地评估应聘者的能力和素质。面试内容可涵盖个人介绍、专业技能测试、情景模拟等环节，以深入了解应聘者的沟通技巧、团队协作能力以及解决问题的能力。

🔗 相关链接 ··

宠物店面试技巧

1.宠物护理知识

询问候选人关于宠物护理的基本知识，例如不同品种宠物的饲养要求、常见健康问题和基本护理技巧。评估他们对宠物健康和福利的关注程度。

2.动物处理技巧

观察候选人在与动物互动时的技巧和处理方式。他们是否能够与动物建立良好的关系，以及如何应对不同动物的行为和需求。

3.沟通能力

评估候选人的沟通能力，包括与客户、同事和上级进行有效沟通的能力。宠物店需要员工能够清晰地传达信息并有效地解决问题。

4.客户服务技巧

考察候选人在与客户互动时的服务态度和技巧。他们是否友善、耐心并愿意提供帮助和建议。

5.团队合作能力

观察候选人在团队环境中的合作能力。他们是否愿意与其他员工协作，并能够有效地分配任务和协调工作流程。

6.应变能力

了解候选人在应对突发情况或紧急情况时的反应能力。宠物店可能会面临一些紧急情况，候选人需要展现出应变能力和冷静处理问题的能力。

7.问题解决能力

提出一些与宠物店工作相关的场景问题，评估候选人解决问题的能力和思维方式。他们是否能够分析问题、提出解决方案并采取行动。

8.个人特质

了解候选人的个人特质，如细心、耐心、责任感和自我管理能力。这些特质对于宠物店工作的成效非常重要。

1.4 背景调查与录用

（1）在决定录用前，对候选人的背景进行调查，包括学历、工作经历、信用记录等，以确保其信息的真实性。

（2）向通过面试和背景调查的候选人发出录用通知，明确薪资待遇、工作时间等细节。

1.5 招聘后的跟进

（1）为新员工提供必要的培训，包括宠物店文化、规章制度、业务流程等方面的内容，使其尽快融入团队。

（2）设定试用期，对新员工的工作表现进行评估，以确保其能够适应职位要求。

 生意经

通过以上步骤，宠物店可以有效地招聘到合适的员工，为店铺的运营和发展提供有力支持。同时，招聘过程中应注重公平、公正和透明，以树立良好的企业形象。

2 员工培训管理：技能提升，共同成长

通过全面的员工培训，宠物店可以确保员工具备足够的专业知识和技能，为客户提供优质的服务，从而提升店铺的口碑和竞争力。

2.1 培训方式

培训方式可以包括理论学习、实际操作、角色扮演以及小组讨论等多种形式，以确保员工能够全面、深入地掌握所学知识。

2.2 培训周期

培训周期可以根据店铺的实际需求和员工的掌握情况进行调整，确保培训效果最大化。

2.3 培训内容

员工培训内容如表6-1所示。

表6-1　员工培训内容

序号	培训内容	具体说明
1	产品知识与销售技巧培训	（1）员工应全面了解所销售宠物产品的特点、基本属性、主要卖点及注意事项，以便在与客户沟通时能够自信且专业地解答问题 （2）销售技巧的培训同样关键，包括如何接待客人、如何推销产品、如何处理客户的专业问题以及如何在与客人发生争执时妥善应对
2	宠物知识与养护技能培训	员工需要掌握各类宠物的基本知识，如宠物品种、特点、饲养方法、健康检查以及日常护理等。培训方式可以包括书面材料阅读、网络课程学习以及实际操作训练，确保员工能够在实际工作中熟练应用所学知识
3	服务态度与沟通技巧培训	（1）员工应具备良好的服务态度，对待客户要友善、耐心和热情 （2）沟通技巧的培训也是必要的，员工应学会如何有效地与客户沟通，理解客户需求，并提供满意的解决方案
4	心理素质与团队协作培训	（1）宠物店员工在日常工作中可能会遇到各种挑战和压力，因此需要进行心理素质的培训，以提高员工的心理承受能力和应对压力的能力 （2）团队协作能力的培训也是不可或缺的，员工需要学会如何与他人合作，共同完成任务，提高店铺的整体运营效率

3　员工福利管理：关怀备至，留住人才

宠物店员工福利管理是提升员工满意度、增强员工忠诚度以及吸引和留住优秀人才的关键环节。宠物店主可参考表6-2所示的措施来做好员工的福利管理。

表6-2　员工福利管理措施

序号	管理措施	具体说明
1	制定明确的福利政策	宠物店应根据自身情况和员工的实际需求，制定明确、公平、具有竞争力的福利政策。福利政策应涵盖员工关心的各个方面，如薪酬、保险、休假、培训、晋升等
2	提供具有吸引力的薪酬体系	薪酬是员工最关心的福利之一。宠物店应提供具有市场竞争力的基本工资，并根据员工的工作表现、能力、职位等因素设立相应的绩效奖金。此外，对于加班或有特殊职责的员工，应给予相应的加班费和津贴
3	完善社会保障制度	宠物店应按照国家法律法规的规定，为员工缴纳养老保险、医疗保险、失业保险、工伤保险和生育保险等社会保险，确保员工的基本生活保障
4	提供丰富的休假福利	休假福利对于员工的工作积极性和生活质量具有重要意义。宠物店应为员工提供充足的休假时间，包括年假、带薪病假、产假等，同时鼓励员工合理安排工作和休息，保持身心健康
5	关注员工成长与发展	宠物店应重视员工的成长与发展，为员工提供多样化的培训和学习机会，如参加行业研讨会、定期技能培训等。此外，建立清晰的晋升通道和公平的晋升机会，让员工看到自己在公司的发展前景
6	设立员工关怀项目	员工关怀项目可以包括定期体检、生日礼物、节日慰问等，这些举措可以让员工感受到公司的关心和温暖，增强员工的归属感和忠诚度
7	建立有效的反馈机制	宠物店应建立有效的员工反馈机制，鼓励员工提出对福利政策的意见和建议。通过定期收集和分析员工反馈，公司可以及时调整福利政策，以满足员工的需求和期望

4 员工绩效管理：奖惩分明，激发潜力

宠物店员工绩效管理需要综合考虑多个方面，从设定目标、制定评估体系、定期反馈、设立奖惩机制、关注员工发展到建立良好的沟通机制，全面提升员工的工作表现和店铺的运营效率，具体措施如表6-3所示。

表6-3　员工绩效管理措施

序号	管理措施	具体说明
1	设定明确的绩效目标	宠物店应为员工设定具体、可衡量的绩效目标，这些目标应与店铺的整体战略和业务目标相一致。目标可以包括销售额、客户满意度、宠物护理质量等方面，确保员工明确知道自己的工作重点
2	制定科学的绩效评估体系	绩效评估体系应涵盖员工的工作表现、能力、态度等多个方面。可以采用360度反馈、关键绩效指标（KPI）等方法进行评估。评估过程中要确保公正、公平，避免主观臆断和偏见
3	定期进行绩效评估与反馈	宠物店应定期进行绩效评估，如每季度或每半年一次。评估后，应及时向员工提供反馈，指出其工作中的优点和不足，并提出具体的改进建议。反馈过程要坦诚、直接，同时注重鼓励和激励员工
4	设立奖励与惩罚机制	为了激励员工积极工作，宠物店可以设立奖励机制，对表现优秀的员工进行表彰和奖励。奖励可以包括奖金、晋升机会、培训机会等。同时，对于工作表现不佳的员工，也要设立相应的惩罚机制，如扣除奖金、降职等，以维护店铺的纪律和秩序
5	关注员工发展与培训	绩效管理不仅仅是评估员工的工作表现，还应关注员工的发展和培训。宠物店可以根据员工的绩效评估结果，为其制订个性化的培训计划，提升员工的专业技能和综合素质

序号	管理措施	具体说明
6	建立良好的沟通机制	绩效管理过程中，良好的沟通至关重要。宠物店应建立有效的沟通机制，鼓励员工与管理层之间进行开诚布公的对话。这样有助于及时发现问题、解决问题，并提升员工的满意度和忠诚度

5 员工沟通管理：倾听心声，和谐共赢

宠物店员工沟通管理需要从多方面入手，以此加强员工之间的沟通和协作，提升店铺的运营效率和员工满意度，具体措施如表6-4所示。

表6-4 员工沟通管理措施

序号	管理措施	具体说明
1	明确沟通目标和方式	宠物店应明确沟通的目标，是为了解决具体问题、传递重要信息，还是为了增强团队凝聚力。同时，选择合适的沟通方式，如面对面交流、电话、电子邮件或团队会议等，以确保信息能够准确、及时传达
2	建立开放、坦诚的沟通氛围	鼓励员工与管理层之间、员工与员工之间保持开放、坦诚的沟通。这样有助于及时发现问题、解决问题，避免误会和冲突。管理层应率先倾听员工的意见和建议，尊重员工的想法和感受
3	定期召开团队会议	定期召开团队会议是加强员工沟通的有效途径。在会议上，可以分享店铺的最新动态、业务进展，讨论工作中遇到的问题和解决方案，以及分享经验和心得。这样有助于增强员工的归属感和团队凝聚力

序号	管理措施	具体说明
4	使用有效的沟通技巧	员工应掌握一些有效的沟通技巧，如倾听、表达、反馈等。在沟通时，要耐心倾听对方的观点，理解对方的需求和想法；清晰、准确地表达自己的观点和意图；及时给予对方反馈，以便对方了解自己的感受
5	关注员工情绪和需求	在沟通过程中，要关注员工的情绪和需求。当员工遇到问题时，要给予关心和支持；当员工取得成绩时，要及时给予肯定和表扬。这样有助于增强员工的自信心和工作积极性
6	建立员工沟通渠道	为了方便员工之间的沟通，可以建立一些沟通渠道，如内部论坛、微信群、企业邮箱等。这些渠道可以让员工随时随地进行交流，分享经验和心得，解决问题和困惑

案例分享

　　××宠物店在员工管理方面取得了显著成效，成了行业内的佼佼者。该店注重员工的招聘、培训、福利、绩效和沟通管理，打造了一支高效、专业、团结的团队，为店铺的快速发展奠定了坚实基础。

　　在招聘环节，××宠物店注重应聘者的专业技能和职业素养，通过面试、笔试和实操考核等多个环节筛选出合适的员工。同时，他们还重视员工的性格和态度，确保新员工能够快速融入团队，共同为店铺的发展贡献力量。

　　培训方面，××宠物店为新员工提供全面的入职培训，包括产品知识、宠物护理技能、销售技巧、服务态度等多个方面。此外，他们还定期组织内部培训和外部学习，提升员工的专业素养和综合能力。通过培训，员工们不仅掌握了必备的知识和技能，还培养了良好的职业素养和团队合作精神。

在福利管理方面，××宠物店提供具有竞争力的薪酬体系，并根据员工的工作表现和贡献设立绩效奖金和年终奖。此外，他们还为员工提供五险一金、带薪年假、节日福利等全方位保障。这些福利措施激发了员工的工作热情，提高了员工的忠诚度。

绩效管理方面，××宠物店设定了明确的绩效目标，通过定期的考核和反馈，激励员工不断提升自己的工作表现。他们采用KPI考核和360度反馈相结合的方法，确保绩效评估的公正、客观和全面。对于表现优秀的员工，给予晋升、加薪和奖励；对于表现不佳的员工，则提供培训和指导，帮助其改进。

沟通管理方面，××宠物店建立了良好的沟通机制，鼓励员工之间、员工与管理层之间进行开放、坦诚的交流。他们定期组织团队会议、座谈会等活动，让员工分享经验、交流心得、解决问题。同时，他们还设立了员工意见箱和投诉渠道，倾听员工的意见和建议，及时改进管理方式和工作流程。

案例点评：

通过以上措施，××宠物店成功地打造了一支高效、专业、团结的员工队伍。员工们不仅具备扎实的专业知识和技能，还具备良好的职业素养和团队合作精神。这使得××宠物店在激烈的市场竞争中脱颖而出，成了消费者信赖的首选品牌。

第 7 章

日常运营与管理

关键词：
干净整齐
温馨舒适
安全有序

门店日常运营管理，作为门店管理的核心支柱，涵盖了门店形象维护、环境优化以及安全保障等多个方面。通过运用科学、高效的管理策略，能够显著提升门店的运营效率，增强客户满意度，进而实现业务目标的稳健且持续增长。

【要点解读】▶▶▶ — — — — — — — — — — — — —

1 门店气味管理：清新宜人，顾客舒适

在宠物店的日常运营中，气味管理占据着重要地位。刺鼻的异味无疑会令顾客望而却步，即便店主拥有再甜的笑容以及再出色的沟通技巧也无用。然而，宠物店的气味管理历来是一大挑战，尤其在炎炎夏日。为了有效地去除异味，宠物店需要精准定位异味的来源，并采取相应的措施，从源头彻底解决问题。

1.1 气味来源

一般来说，宠物店异味产生的来源主要如表7-1所示。

表7-1 异味产生的来源

序号	异味来源	具体说明
1	宠物活体产生的气味	在宠物治疗、美容、寄养、活体销售的所有环节中，宠物自身散发的体味、腺体分泌物、伤口或消化道气味，都是构成店内异味的来源之一
2	在售产品的气味	店内在售的宠物粮食、零食等，如果包装不是非常严密，产品本身也会散发一定的气味
3	宠物排泄物、呕吐物的气味	店内异味产生的最大来源便是未能及时清理的宠物排泄物或呕吐物，直接造成店内环境与气味的污染
4	生病宠物的气味	宠物在生病时病菌往往通过呼吸道传播到室内，某些病毒可通过动物感染人类，而且动物身上很可能存在肉眼无法察觉的寄生虫，大量宠物聚集在宠物店时，病菌通过空气造成交叉感染，特别是夏季空气不流通的情况下会加重影响
5	夏季空调空气不流通造成的异味	若门店的通风系统存在不足，特别是在夏季，由于空调长时间开启，导致空间密闭，缺乏空气流通，这便极易滋生异味

1.2 去除异味的措施

针对上述异味产生的来源，宠物店可采取表7-2所示的措施来有效去除异味。

表7-2　去除异味的措施

序号	去除措施	具体说明
1	及时清理	店员需科学安排时间，确保第一时间清除宠物粪便和尿液，随后使用消毒去味清洁剂进行深度清洁。此举不仅能迅速消除异味，还能为后续店面整理节省大量时间和精力
2	勤于洗护	针对店内常住及待售宠物，除及时清理其排泄物外，还需定期洗护，以减轻异味源头，并增加宠物的吸引力。毕竟，干净清爽的宠物更受顾客喜爱
3	宠物寄养区清理	寄养区的清洁程度对店内气味影响很大。宠物店应建立全面的寄养区管理制度，确保员工早晚定时、分工合作进行彻底清洁
4	定期通风	定期开窗通风，保持空气新鲜。这样不仅能有效减少店内异味，还能为顾客和宠物创造一个更加舒适的环境
5	控制宠物数量	根据店面空间和资源条件，合理控制宠物数量，避免宠物过多导致异味积聚，并确保每只宠物得到妥善照料
6	使用空气清新剂	选用适合宠物店的空气清新剂，以中和异味并散发清新香气。务必选择对宠物和人体无毒害的产品
7	定期清洁和消毒	包括地面、墙壁及所有设备和用具在内的店内环境，需定期进行彻底清洁和消毒，以消除污渍和异味源
8	定期更换宠物床垫	宠物床垫易吸附异味，应定期清洗和更换，选择易清洁、快干的材质以更好地控制气味
9	使用除臭剂	针对宠物异味，使用安全无毒的专用除臭剂，并遵循使用说明，以有效去除宠物身上的异味
10	使用除湿设备	潮湿环境易滋生细菌和异味，使用除湿设备可控制湿度，减少异味产生的可能
11	定期检查管道和排水系统	定期检查并清理管道和排水系统，确保其畅通无阻，防止污水倒流或异味外溢，保持店内卫生
12	培训员工	向员工强调气味管理的重要性，并培训他们正确处理异味的方法，确保他们能及时有效地清理异味源或采取措施控制店铺异味

2 门店卫生管理：干净整洁，顾客放心

宠物店的卫生管理至关重要，它直接关系到宠物的健康、客户的满意度以及店铺的整体形象。如表7-3所示的是宠物店卫生管理要点。

表7-3 卫生管理要点

序号	管理要点	具体说明
1	制定卫生管理制度	明确宠物店对卫生管理的重视程度和目标，制定相关制度和规定。例如，要求员工遵守卫生标准、定期清洁和消毒、妥善处理废弃物等
2	制订清洁计划	根据宠物店的规模和需求，制订清洁计划。明确每天、每周或每月需要进行的清洁任务，并分配责任人负责执行
3	确定清洁频率	根据不同区域和设备的使用频率，确定清洁的频率。例如，高频使用区域和设备可能需要更频繁的清洁
4	确定清洁方法和工具	确定适用于不同区域和设备的清洁方法和工具。例如，地面可以使用拖把或吸尘器进行清洁，而固定设备可以使用专门的消毒剂进行清洁
5	建立消毒程序	制定消毒程序，包括选择合适的消毒剂、正确使用消毒剂、规范消毒时间等。确保员工了解消毒程序，并按照程序执行
6	建立废弃物处理程序	制定废弃物处理程序，包括分类、储存和处理废弃物的方法。确保员工了解如何正确处理废弃物，并提供相应的垃圾桶和容器
7	培训员工	对员工进行关于卫生管理制度的重要性和执行方法的培训。确保员工了解卫生管理政策、清洁计划、消毒程序等，并能正确执行
8	定期检查和评估	定期检查宠物店的卫生状况，评估卫生管理制度的执行情况。根据检查结果，及时纠正问题并改进制度

序号	管理要点	具体说明
9	与专业机构合作	与专业清洁公司或卫生检查机构合作，定期进行深度清洁和卫生检查。他们具备专业知识和设备，可以提供更全面的卫生管理服务
10	持续改进	根据员工反馈、客户意见和最新的行业标准，不断改进卫生管理制度。定期评估并更新政策、计划和程序，以提高宠物店的卫生水平

通过全面的卫生管理措施，可以创造一个干净、卫生、健康的宠物店环境，提升客户满意度，保障宠物和员工的健康。

3 门店安全管理：防患未然，顾客安心

宠物店的安全管理是一个综合性的工作，涉及多个方面，旨在确保店内宠物、员工和客户的安全。如表7-4所示的是宠物店安全管理的措施。

表7-4　安全管理措施

序号	管理措施	具体说明
1	配备安全设施	店铺应配备必要的安全设施，如灭火器、急救箱、安全摄像监控系统、安全门禁系统等，并定期检查这些设施的有效性和完整性。在紧急情况下，这些设施能够迅速启用，以减少损失
2	制定应急预案	包括应对火灾、宠物逃跑、客户滑倒等突发事件的措施和应急联系方式。员工应接受相关培训，了解应对措施并能够熟练操作安全设备
3	设置安全警示标识	设置明显的安全警示标识是非常必要的，这些标识可以提醒客户和员工注意安全事项，如"注意火源""小心宠物咬伤""小心滑倒"等

序号	管理措施	具体说明
4	加强员工培训	为了确保员工在宠物店中的工作安全，除了对其进行宠物行为习性等方面的专业培训外，还应特别强化紧急情况下的应对措施和操作技能培训
5	严格管理宠物	为了宠物的安全，店内应设置安全栏杆或隔离设施，有效防止宠物逃脱或发生意外。同时，设立安全出入口，确保在紧急情况下能迅速疏散宠物
6	保障设备运转正常	对于店内的电器设备，如空调、烘干器等，必须定期检查，确保其正常运行，避免因设备故障而引发的火灾等安全事故
7	加强宠物疾病预防与控制	店内宠物应定期接受身体检查，确保没有携带传染性疾病。此外，还需进行宠物消毒工作，以保障宠物之间的健康，防止交叉感染

相关链接

员工安全培训要点

1.安全规定和程序

向员工详细讲解宠物店的安全规章与操作流程，确保他们熟知设备的正确使用、危险品的处理以及紧急情况的应对程序。

2.安全设施和设备使用

培训员工熟练掌握店内安全设施和设备的使用方法，包括灭火器的操作、紧急出口标识的识别以及防滑地板的维护。

3.安全意识

提升员工对潜在危险的警觉性，教育他们预防事故、避免不安全行为，如注意观察环境、保持通道畅通、避免杂物堆积等。

4.宠物处理技巧

确保员工掌握各类宠物的正确处理方法，包括携带、抱持、喂食和清洁，以减少意外伤害和冲突。

5.紧急情况应对

教授员工如何应对突发紧急情况，如火灾、地震或宠物逃脱。他们需熟知紧急出口的位置、灭火器的使用方法以及紧急救援的呼叫方式。

6.急救知识

为员工提供基础急救知识培训，涵盖小型伤口处理、止血和心肺复苏等，以便在紧急情况下提供基本医疗援助。

7.客户服务和沟通技巧

培训员工有效与客户沟通的技巧，确保店内交流顺畅，减少误解和冲突，营造和谐氛围。

8.安全记录和报告

教育员工如何准确记录并报告安全事故或潜在危险，以便及时发现问题，采取改进措施。

9.持续学习和更新

鼓励员工不断学习和更新安全知识，参与相关培训课程和研讨会，保持对最新安全标准和实践情况的了解。

通过对员工的全面安全培训，不仅能增强他们对宠物店安全性的深刻认识，还能确保他们能够熟练应对各类紧急情况。此举旨在有效减少事故和伤害的风险，从而切实保障宠物、员工以及客户的安全。

4 门店财务管理：精打细算，稳健经营

宠物店财务管理，作为一项既复杂又重要的环节，涵盖了多方面的要素。通过精细且科学的财务管理制度，宠物店能够有效降低成本，提升经营效益，进而实现稳健长远的发展。

4.1 成本核算

成本核算是宠物店财务管理的核心，包括对宠物食品、宠物用品、宠物医疗等成本的核算，以掌握实际利润情况。通过准确的成本核算，店主可以了解到哪些项目的盈利效果好，哪些项目可能需要调整或优化。

4.2 费用预算

费用预算是财务管理的另一个重要环节。宠物店需要对每个月或每个季度的店面租金、水电费、员工工资等费用进行预算，以便及时调整经营策略。这样有助于确保宠物店在运营过程中不会因资金短缺而陷入困境。

4.3　财务报表

建立完善的记账系统，记录每笔收入和支出，并定期生成财务报表，如利润表、资产负债表等，以便及时了解店铺的经营状况。

4.4　现金流管理

合理规划现金流，确保有足够的资金支持店铺日常经营和发展需求。可以建立预算和资金计划来管理现金流。

4.5　税务合规

遵守税法规定，及时缴纳税款并提交相关报表。可以请专职会计或税务顾问协助处理财税事务，以确保合规运营。

4.6　财务分析

定期进行财务分析，了解店铺盈利能力、资产状况和偿债能力等指标。根据分析结果制定相应的经营策略。

4.7　引入收银系统

为了提升财务管理效率，宠物店可以引入收银系统。收银系统不仅可以自动生成销售收据和发票，使结算过程更加快捷和准确，还可以帮助宠物店主把握店铺的财务状况，提升财务决策的准确性和效率。通过收银系统，店主可以实时了解销售数据、会员数据等关键信息，从而快速做出经营策略的调整。

5 宠物健康管理：专业呵护，顾客信赖

宠物店的宠物健康管理是确保宠物在店内得到适当照顾和保健的重要方面。店主可按以下建议来确保宠物店的宠物健康。

5.1 定期体检

每只宠物进店前，都应接受全面的体检，包括身体状况评估、疫苗接种和驱虫处理，确保宠物的健康。

5.2 疫苗接种

确保宠物按时接种必要的疫苗，以预防传染病，保护宠物、员工和店内其他宠物的安全。

5.3 定期驱虫

定期进行驱虫处理，防范内外寄生虫的侵害，为宠物提供清洁的生活环境。

5.4　卫生环境

维持店内环境的清洁与卫生，定期清洁和消毒饲养区域、笼子和床垫，降低细菌和传染病的传播风险。

5.5　饮食管理

根据宠物的品种、年龄和需求，提供高质量的食物和充足的水源，确保宠物获得均衡的营养。

5.6　运动和活动

为宠物提供足够的运动和活动空间，包括室内和室外活动区域，以及适宜的玩具，以促进宠物的身体健康。

5.7　社交互动

满足宠物的社交需求，鼓励与其他宠物和人类的互动，参与社交活动，增强宠物的幸福感。

5.8　员工培训

确保员工接受专业培训，了解不同品种宠物的照顾和管理知识，掌握常见疾病的预防和急救措施。

5.9　客户教育

向客户传授宠物健康管理的知识和技巧，包括饮食、运动、预防措施等，帮助客户更好地照顾宠物。

5.10　定期检查和评估

定期检查和评估店内宠物的健康状况，以及健康管理措施的有效性，及时调整和改进，确保宠物得到最佳的照顾。

生意经

　　精心呵护宠物店宠物的健康，能够确保它们得到无微不至的照顾与专业的护理，从而为客户带来健康、快乐的宠物伴侣。

案例分享

　　××宠物店是一家专注于宠物护理与宠物用品销售的温馨小店，店主深知卫生管理对于店铺运营和客户满意度的核心作用。因此，他们实施了一系列严谨的卫生管理措施，以确保店铺环境的清洁、卫生与安全。

　　首先，××宠物店制定了精细的清洁与消毒制度。每日营业前，员工会执行全面的清洁流程，包括地面清扫、货架与玻璃的擦拭等。同时，运用专业的宠物清洁剂和消毒剂，对宠物饲养区、宠物用品及餐具进行全面消毒，防止细菌滋生。此外，店铺还定期进行深度清洁，确保每个角落都洁净如新。

　　除了日常清洁，××宠物店亦重视空气质量的管理。店内安装了空气净化器，并定时开窗通风，确保空气流通清新。同时，禁止顾客在店内吸烟，以维护宠物和其他顾客的健康。

　　在宠物卫生方面，××宠物店实施了一套完整的管理制度。员工每日及时清理宠物的排泄物，保持饲养区的整洁。同时，定期为宠物提供洗澡、美容等护理服务，确保宠物的清洁与健康。此外，店铺内的饮用水和食物均保持新鲜、干净，避免了食品污染的风险。

在人员卫生方面，××宠物店同样严格把控。员工在上岗前需接受卫生知识与操作技能的培训，确保清洁与消毒的规范操作。同时，要求员工保持个人卫生，勤洗手、勤换工作服，减少疾病传播的风险。此外，店铺还定期为员工进行健康检查，确保员工的身体健康，为顾客提供更为安全的服务。

案例点评：

通过一系列精心策划的卫生管理措施，××宠物店成功构筑了一个洁净、健康、安全的空间。顾客在此可安心选购宠物用品，宠物也可以享受专业护理服务。店铺出色的卫生管理赢得了客户的广泛赞誉与好评，为店铺的长远发展构筑了坚实的基石。

第 8 章

市场营销与推广

营销推广作为提升宠物店知名度、增强品牌影响力、吸引更多顾客、促进销售业绩增长的关键途径，同时也是建立门店与客户间稳固纽带、灵活应对市场波动和竞争态势的利器。宠物店应精心策划并执行科学、高效的营销策略，持续开展丰富多样的营销活动，以确保经营效果的显著提升。

【要点解读】▶▶▶ - - - - - - - - - - - - - - - - - - -

1 社交媒体营销：达人效应，吸引粉丝

宠物店社交媒体营销的作用在于其能够迅速扩大品牌知名度，吸引目标客户，并与顾客建立紧密的联系。宠物店主可以参考图8-1所示的策略来做好宠物店的社交媒体营销。

1.1 选择合适的社交媒体平台

宠物店应精准选择微信、微博、抖音、小红书等热门社交媒体平台开设账号，这些平台拥有广泛的用户基础和高活跃度，对于品牌推广而言，其影响力不容忽视。

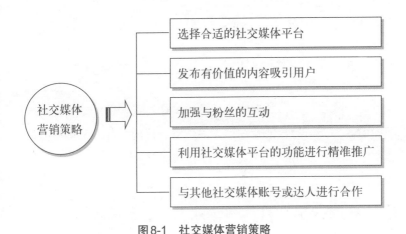

图 8-1　社交媒体营销策略

1.2　发布有价值的内容吸引用户

宠物店应发布涵盖宠物护理、健康、美容等实用知识，以及店铺优惠活动、新产品上市等信息的优质内容。同时，制作富有趣味性和创意性的短视频或图文内容，以吸引用户互动和分享。

1.3　加强与粉丝的互动

通过定期举办问答、抽奖等互动活动，鼓励粉丝积极参与并分享。此外，及时回复粉丝的评论和私信，积极解决他们的问题和疑虑，以增强粉丝的满意度和忠诚度。

1.4　利用社交媒体平台的功能进行精准推广

借助付费广告或定向推送，将宠物店的信息精准地展示给潜在目标客户。同时，利用社交媒体平台的数据分析工具，深入挖掘用户的兴趣、行为等特征，为营销策略的制定提供有力数据支持。

1.5　与其他社交媒体账号或达人进行合作

宠物店可与知名宠物博主或达人合作，邀请他们到店体验并分享给粉丝；亦可与其他宠物相关品牌进行跨界合作，共同举办活动或推广产品，以此扩大品牌影响力和市场覆盖面。

2　社群营销：打造宠物圈，凝聚粉丝力量

社群营销，是一种以共同或相近的兴趣爱好为纽带，借助多样化载体凝聚人气的商业模式。它通过精心打造的产品或服务，精准满足社群成员的需求，从而构建出独特的商业价值。社群营销的载体广泛而多样，不仅局限于微信平台，论坛、微博、QQ群等线上平台，乃至线下的社区活动，都可以成为其施展的舞台。这种营销方式充分利用了社群成员间的互动与分享，实现了品牌与消费者之间的深度连接。

2.1　建群的目的

对于宠物店来说，建群的目的如图8-2所示。

（1）延伸服务

在如今宠物店业务竞争激烈的环境下，如何突破店铺周边2～3公里的业务范围，成为宠物店亟待解决的问题。建立社群成为扩大业务覆盖面的关键一步。通过社群，不仅能将现有客户聚集起来，还能吸引他们的朋友加入，共享优惠活动。这样，宠物店便可能有效地将服务半径延伸至5公里，从而拓宽客户群。

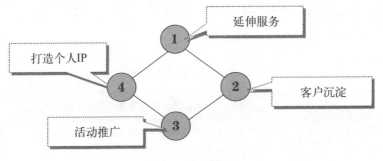

图8-2 建群的目的

（2）客户沉淀

客户从进店到离店，若缺乏有效的维系渠道，客户便极易流失至其他宠物店。因此，宠物店急需一个平台来稳定并增强与客户的联系，将他们转化为店铺的忠实拥趸。

（3）活动推广

传统的线下活动宣传方式受限于地域和成本，效果有限。而社群则为活动推广提供了高效且低成本的途径。宠物店只需精心策划活动文案，便能迅速传达给群内所有客户，实现广泛而精准的宣传效果。

（4）打造个人IP

在竞争激烈的市场中，个人IP是区分自己宠物店与其他宠物店的重要标志。如同自媒体人通过个人IP树立品牌形象，宠物店主也应注重个人品牌的打造。这包括提升服务质量、精选商品、提高专业水准等多个方面，以确保客户对店铺品牌的认可和信赖。

2.2 社群营销的策略

社群营销作为宠物店推广的关键策略，通过精心构建和积极参与社交媒体及在线社群，旨在搭建与潜在客户沟通的桥梁，进而提升品牌认知度。如表8-1所示,这些策略为宠物店提供了多样化的社群营销选择。

表8-1 社群营销的策略

序号	营销策略	具体说明
1	明确社群定位与目标	首要任务是明确社群的定位和目标受众,是专为宠物爱好者、资深宠物主人还是特定品种的宠物主人打造。基于明确的定位,再制定精准的营销策略和内容规划
2	选择合适的社群平台	根据目标受众的喜好和行为习惯,挑选最适合的社群平台,如微信群、QQ群、微博超话等。确保所选平台拥有庞大的用户基础和积极的互动氛围
3	建立社群规则与氛围	社群建立之初,即应明确社群规则,如发言规范、禁止行为等,确保社群氛围的积极与健康。同时,通过发布有趣、有价值的内容,引导社群成员积极参与讨论与分享
4	定期发布有价值的内容	为了吸引和留住社群成员,可定期发布与宠物相关的优质内容,如宠物护理知识、训练技巧、产品推荐等。同时,鼓励社群成员分享自己的养宠经验和心得,促进社群互动
5	让用户主动生成内容	鼓励客户在社交媒体上分享他们在宠物店的消费体验、服务评价或宠物照片。为此,宠物店可提供奖励或折扣券作为回馈,激发客户的参与热情
6	举办社群活动	定期策划并举办多样化的社群活动,如线上问答、宠物摄影比赛、线下聚会等,以增强社群成员的归属感和参与度。同时,结合活动推出优惠和福利,促进销售业绩的提升
7	社群广告投放	在社交媒体上投放广告,针对特定受众群体进行精准推广。利用年龄、地理位置、兴趣爱好等数据进行精准定位,提升广告效果
8	社群管理和监测	定期对社交媒体账号和在线社群的活动进行管理与监测。及时回复客户的留言和评论,解决问题并收集反馈。根据反馈结果进行调整和改进,优化社群运营效果

2.3 社群营销的注意事项

在实施社群营销的过程中，宠物店还需要注意以下几点：

（1）保持与社群成员的互动和沟通，了解他们的需求和反馈，及时调整营销策略。

（2）避免过度营销和广告行为，以免引起社群成员的反感。

（3）注重社群成员的隐私保护，避免泄露个人信息。

3 搜索引擎优化：提升排名，吸引流量

宠物店搜索引擎优化（search engine optimization，SEO）是提高宠物店官网在搜索引擎中排名的关键技术，通过优化网站内容和结构，使其更符合搜索引擎的算法，从而增加网站的曝光度和流量。如图8-3所示的是宠物店搜索引擎优化的关键策略。

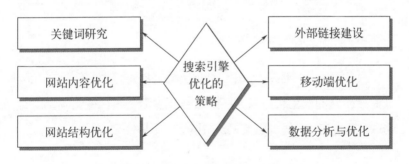

图8-3　搜索引擎优化的策略

3.1 关键词研究

宠物店要深入了解潜在客户的需求和搜索习惯，通过工具或头

脑风暴等方式挖掘与宠物店相关的关键词，包括宠物品种、宠物用品、宠物服务等。同时，关注长尾关键词，这些关键词通常具有更高的转化率。

3.2 网站内容优化

根据关键词研究结果，优化网站内容，包括标题、描述、正文等。确保内容原创、有价值且与目标关键词相关。同时，定期更新网站内容，发布与宠物相关的最新资讯、养宠技巧等，提高网站的活跃度。

3.3 网站结构优化

确保网站结构清晰、层次分明，便于搜索引擎抓取和索引。优化网站的URL结构，使其简洁明了，包含关键词。同时，建立良好的内部链接体系，提高网站的链接权重。

3.4 外部链接建设

积极寻求与其他高质量网站的合作，建立外部链接。这不仅可以提高网站的权重和排名，还能吸引更多潜在客户的访问。同时，注意避免过度依赖外部链接，保持链接的多样性和自然性。

3.5 移动端优化

随着移动互联网的普及，越来越多的用户通过移动设备访问网站。因此，要确保宠物店官网在移动设备上能够良好地显示和运行，提高用户体验。

3.6　数据分析与优化

利用搜索引擎提供的数据分析工具，对网站流量、关键词排名等进行实时监控和分析。根据数据反馈，不断调整和优化SEO策略，提高网站的转化率和收益。

 生意经

搜索引擎优化是一个长期且持续的过程，需要不断地调整和优化。同时，要遵循搜索引擎的规则和原则，避免使用不正当手段，以免对网站造成负面影响。

4　短视频营销：创意短视频，引爆话题

宠物店短视频营销是一种高效且富有创意的推广方式，通过短视频平台展示宠物店的特色、产品和服务，吸引潜在客户的关注，提升品牌知名度。如图8-4所示的是宠物店短视频营销的关键策略。

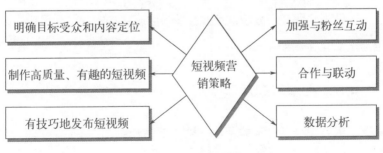

图8-4　短视频营销策略

4.1　明确目标受众和内容定位

宠物店需精准把握目标客群，深入了解其兴趣、需求与消费习惯，以创作更贴合其口味的短视频。同时，明确视频内容风格，无论是轻松幽默、温馨感人还是专业实用，都应确保与目标受众产生情感共鸣。

4.2　制作高质量、有趣的短视频

从日常运营、宠物互动、产品解读等角度，打造充满创意与趣味的短视频。确保视频画面清晰稳定，音效配乐相得益彰，剪辑流畅自然，为观众带来极致的观看体验。

4.3　有技巧地发布短视频

发布视频时，巧妙运用平台标签、标题与描述功能，精准添加关键词与标签，提升视频搜索曝光率。同时，巧妙利用位置信息，吸引周边用户发现你的宠物店。

4.4　加强与粉丝互动

鼓励观众留言、分享、点赞，积极回应粉丝的评论与反馈，增强与粉丝的互动与信任。

4.5　合作与联动

积极寻求与其他宠物品牌、达人或短视频创作者的合作机会，共同创作与推广短视频，提升品牌影响力，奠定受众基础。

4.6 数据分析

定期分析短视频营销数据，洞察观众喜好与行为习惯，持续优化视频内容与营销策略。通过数据分析，发现受欢迎的内容与发布时机，调整策略，提升营销效果。

🔗 相关链接

短视频创意策划

策划宠物店短视频时，需巧妙融合店铺特色、受众喜好及短视频平台的传播优势，以吸引目光并传递店铺核心价值。以下是针对宠物店短视频策划的几点建议：

1. 主题定位

首先，需精准把握短视频的主题。结合宠物店特色服务，如宠物护理、专业训练、萌宠日常等，选择与之契合的主题。确保所选主题与品牌形象、宣传目标一致，进而形成统一的传播声音。

2. 创意构思

（1）温情故事：借助宠物与主人的感人故事，展现宠物店的温暖氛围与人文情怀。如拍摄宠物救助、成长陪伴的短片，凸显店铺的爱心与责任感。

（2）幽默瞬间：融入幽默元素，以轻松诙谐的方式展示宠物店日常。如捕捉宠物搞笑瞬间、模仿人类行为的片段，为观众带来欢乐时光。

（3）知识科普：针对宠物养护、健康饮食等热门话题，创作科普类短视频。通过专家解读、实例展示，向观众传递专业养护知识，树立宠物店的专业形象。

3.互动与参与

（1）挑战热潮：发起宠物主题挑战，鼓励观众参与并分享他们的宠物视频。此举不仅能提升观众参与度，更能提升宠物店在社交媒体上的影响力。

（2）问答乐园：在短视频中巧妙设置问题或悬念，吸引观众在评论区踊跃留言互动。及时回应观众的问题和反馈，增强与粉丝的紧密联系。

4.视觉呈现

（1）画面艺术：精心打造短视频的画面，运用多样的拍摄角度和光线效果，展现宠物店的精致与温馨，让每一帧都成为视觉享受。

（2）音效和谐：挑选与视频内容相得益彰的背景音乐和音效，营造出舒适、愉悦的氛围，让观众在视听上获得双重享受。

5.传播推广

（1）跨平台覆盖：将精心制作的短视频发布至抖音、小红书、微博等多个热门平台，确保内容得到更广泛的传播和关注。

（2）合作共赢：寻求与宠物行业相关品牌或知名达人的合作机会，共同推广短视频内容，携手提升宠物店的知名度和影响力。

通过上述策划与创意，宠物店能够打造一系列既有趣又富有教育意义的短视频内容，吸引更多潜在客户的目光。同时，借助短视频的传播推广，宠物店的品牌形象和市场竞争力也将得到进一步提升。

5 直播营销：实时互动，拉近距离

宠物店直播已经成为一种新兴的营销方式，通过直播平台实时展示宠物店的环境、产品和服务，与观众进行互动交流，提升宠物店的知名度和曝光度。如图8-5所示的是宠物店直播的关键策略。

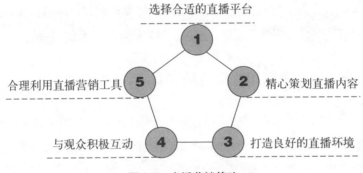

图8-5　直播营销策略

5.1　选择合适的直播平台

依据目标受众和平台特性，精准选择直播平台。例如，抖音、快手等平台深受年轻用户喜爱，而淘宝直播则更受购物导向观众的青睐。

5.2　精心策划直播内容

直播内容需丰富多彩，涵盖宠物展示、产品详细介绍，以及有趣的互动问答等环节。可邀请宠物领域的专家或知名达人参与分享，以提升直播的专业度和吸引力。

5.3　打造良好的直播环境

确保宠物店环境整洁美观，展示区域布置得宜。同时，保证直播设备的画质清晰、音质优良，为观众带来极佳的观看体验。

5.4　与观众积极互动

直播过程中，积极回应观众提问，与其进行深入交流。可设置抽奖、优惠券等福利活动，提高观众参与度和黏性。同时，及时回应并解决观众的投诉和反馈，以维护良好的客户关系和口碑。

5.5　合理利用直播营销工具

充分利用平台的营销工具，如推荐位、弹窗广告等，提高直播的曝光度。此外，可与其他品牌或达人展开合作，进行跨界直播或互推，进一步扩大影响力。

生意经

在进行宠物店直播时，要严格遵守平台规则和政策，避免违规操作导致被限制直播甚至被封号；要保持直播内容的真实性和诚信度，避免夸大宣传或虚假宣传。

6 口碑营销：口口相传，打造好口碑

宠物店的口碑营销是一种通过客户口碑来推广店铺的策略，它侧重于建立和维护良好的客户关系，以推动业务增长。如图8-6所示的是宠物店口碑营销的关键策略。

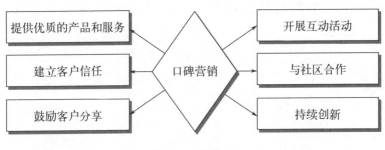

图8-6 口碑营销

6.1 提供优质的产品和服务

宠物店应确保店内每只宠物都健康活泼，并提供包括美容、洗澡、剪毛在内的全方位宠物护理服务。同时，与信誉卓著的宠物医院长期合作，提供优质的宠物医疗服务，以增强客户对宠物店的信赖。

6.2 建立客户信任

当宠物店的服务超越客户预期时，客户会感到惊喜和满足，从而自发地为店铺宣传。例如，宠物交易设立72小时健康检查退还机制，允许客户在此期间带宠物进行健康检查，如发现问题可全额退款。这样的措施可极大地增强客户的信任。

6.3　鼓励客户分享

宠物店鼓励客户在社交媒体上分享他们的消费体验。为此，店铺应提供激励措施，如为分享店铺信息的客户提供折扣或赠品。同时，应积极回应客户评论和反馈，展现店铺的专业和用心。

6.4　开展互动活动

宠物店可定期举办宠物摄影比赛、宠物知识讲座等互动活动，吸引客户参与并分享给他们的朋友。这些活动不仅提升了店铺的知名度，还加强了客户与店铺之间的情感联系。

6.5　与社区合作

宠物店可积极与当地社区合作，如为社区流浪动物提供庇护和医疗服务，或参与社区组织的宠物相关活动。这样的合作不仅提升了店铺的品牌形象，还增强了店铺在社区中的影响力。

6.6　持续创新

为满足客户的多样化需求，宠物店需不断创新产品和服务。例如，提供宠物寄养、宠物日托等增值服务，以及开发宠物主题的周边商品。这些创新举措可吸引更多客户，并提升他们的满意度。

7　会员营销：积分兑换，增强黏性

宠物店会员营销是一种有效的策略，通过提供专属优惠、增强客户忠诚度，从而推动业务增长。如图8-7所示的是宠物店会员营销的关键策略。

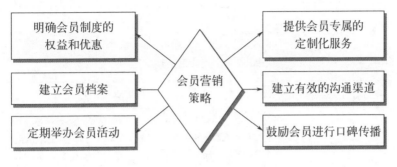

图8-7　会员营销策略

7.1　明确会员制度的权益和优惠

会员制度应包含吸引人的优惠和权益，如折扣、积分累积、会员日权益等。这些权益能够激励客户成为会员，并增加他们的复购率。

7.2　建立会员档案

建立会员档案，记录会员的消费行为和偏好。通过收集和分析会员数据，可以了解他们的需求和喜好，从而为他们提供更加精准的营销信息和服务。例如，对于经常购买宠物食品的会员，可以定期推送相关产品的优惠信息。

7.3　定期举办会员活动

定期举办会员活动，增强会员的参与感和忠诚度。宠物店会员活动是提升会员满意度、增强会员黏性和促进消费的重要手段。通过举办各种会员活动，宠物店不仅可以加强与会员之间的互动和联系，还能为店铺带来稳定的客源和收入。如表8-2所示的是宠物店常见的会员活动类型。

表8-2　常见会员活动类型

序号	活动类型	具体说明
1	会员日活动	设定每月或每周的某一天为会员日，会员在当天可以享受额外的折扣或优惠，或者获得特定的小礼品。这样既能激发会员的消费欲望，又能提升会员的归属感
2	会员积分活动	会员在店内消费可以累积积分，积分可以用来兑换商品、服务或折扣。同时，可以设置积分加倍时段或消费满额送积分等活动，鼓励会员增加消费
3	会员分享活动	鼓励会员在社交媒体上分享宠物店的商品、服务或活动信息，并设置分享奖励，如积分、优惠券或小礼品。这样既能提高店铺的知名度，又能增强会员的参与感
4	会员互动活动	举办宠物知识讲座、宠物美容比赛或宠物摄影比赛等互动活动，邀请会员参与。通过这类活动，可以增进会员与店铺之间的感情，同时也能提升会员对店铺的认同感
5	会员推荐活动	鼓励会员推荐新客户来店消费，成功推荐的新客户消费后，会员可以获得一定的奖励，如折扣、积分或礼品。这样可以有效扩大会员网络，吸引更多新客户
6	会员定制活动	为会员提供个性化定制服务，如定制宠物食品、定制宠物用品等。这样既能满足会员的个性化需求，又能提升店铺的服务品质
7	会员生日活动	在会员生日当天，提供免费的宠物洗澡、美容服务或者送上生日祝福和小礼品。这种贴心的服务能让会员感受到店铺的关怀和温暖

生意经

在策划宠物店会员活动时，应紧密结合店铺的实际情况与会员的个性化需求，力求将活动的趣味性与实用性巧妙结合。通过这样的方式，不仅能为会员带来愉悦的参与体验，更能让他们深切感受到店铺的诚挚与专业，从而进一步增强与会员的紧密联系。

7.4 提供会员专属的定制化服务

宠物店应根据会员的特定需求和偏好，提供个性化的宠物护理建议和健康提醒服务，以此提升会员的满意度和忠诚度。

7.5 建立有效的沟通渠道

在会员营销的实施过程中，构建有效的沟通渠道至关重要。通过电子邮件、短信推送和社交媒体平台，宠物店可与会员保持持续的联系，及时传递优惠信息、活动通知等，确保会员能随时掌握店铺的最新动态。

7.6 鼓励会员进行口碑传播

为了扩大会员规模并提升宠物店的知名度与影响力，宠物店可以设立推荐奖励机制，鼓励现有会员邀请朋友成为新会员，并对成功邀请的会员给予相应奖励。这一举措不仅有助于会员群体的扩大，还能有效促进口碑传播。

8 花式促销：创意活动，刺激消费

促销是商家运用各种创意方法推动产品销售的一种营销策略。通过精心策划的促销活动，宠物店能够有效吸引潜在顾客，进而增加销售额并提升店铺的整体知名度。

8.1 折扣促销

折扣促销是宠物店广泛采用的促销手段之一，其通过提供价格上的优惠，直接刺激消费者的购买欲望，进而促进店铺的销售额增长。

（1）折扣促销的方式

如表8-3所示的是宠物店可以考虑的一些折扣促销方式。

表8-3 折扣促销的方式

序号	促销方式	具体说明
1	打折销售	通过为特定商品或服务提供折扣优惠，如全场8折、指定品牌5折等，可以吸引顾客的注意力，刺激购买欲望，从而增加店铺的销售额
2	满减优惠	设定明确的购买金额门槛，如满200元减50元，可以鼓励顾客增加购买量，以达到满减条件，进而提升整体销售额
3	限时折扣	在特定时间段内提供折扣优惠，如周末全场7折、节假日特别优惠等，可以营造购物的紧迫感，促使顾客迅速下单购买
4	会员专享	为店铺会员提供独特的折扣优惠，如会员8折、会员专属活动等，可以加强会员的忠诚度，并激励他们持续选择本店进行购物

序号	促销方式	具体说明
5	老客户回馈	针对长期支持店铺的老客户，提供特别的折扣优惠，表达感谢之情，同时增强他们的满意度，促使他们继续选择本店
6	清仓折扣	对滞销或过季产品进行折扣销售，不仅可以清理库存，还可以吸引顾客购买特价商品，释放资金用于新产品采购，形成良性循环
7	联合促销	与其他相关行业如宠物美容院、宠物医院等进行合作，推出联合折扣活动，可以互相推荐客户，拓宽销售渠道，提升店铺的曝光度和销售机会
8	生日特别优惠	在顾客生日时提供特别折扣，为他们送上生日祝福，可以提高顾客的满意度和忠诚度，使他们更愿意选择本店

（2）折扣促销的注意事项

① 设定合理的折扣幅度与期限，确保促销活动既具有吸引力又具备长期可行性。

② 明确并广泛地传播促销信息，包括具体折扣力度、适用范围及时间期限，以便顾客能够清晰了解。

③ 确保库存量充足，以满足顾客在促销活动期间的购买需求，避免因供不应求而影响顾客体验。

④ 持续监控促销活动效果，并根据客户反馈和市场需求及时调整折扣策略，以实现最佳促销效果。

8.2 买赠活动

买赠活动，作为宠物店广受欢迎的促销方式，不仅能够吸引顾客驻足选购，还有助于提升店铺的整体销售业绩。

（1）买赠活动的方式

如表8-4所示的是宠物店可以考虑的一些买赠活动方式。

表8-4　买赠活动的方式

序号	促销方式	具体说明
1	赠品附加	购买特定宠物食品即赠送宠物玩具，或购买宠物用品附赠宠物零食。此举旨在增强顾客的购买动力，同时提高客单价，为店铺带来更多收益
2	优惠券赠送	购买一定金额的宠物用品后，顾客将获得抵扣券或折扣券。这不仅鼓励顾客再次光顾，还能有效提高复购率，增加店铺的回头客数量
3	积分兑换	店铺实行积分制度，顾客每次消费均可累积积分，积分累积到一定程度便可兑换赠品或享受折扣。这一措施有助于增强顾客的忠诚度，使其更倾向于持续选择本店购物
4	赠送样品	购买宠物食品时附赠试用装，或购买宠物用品时赠送小样。让顾客能够亲身体验产品，增加对店铺的信任和满意度，进而促进购买决策
5	联合促销	与宠物美容院、宠物医院等进行联合促销，如购买宠物美容服务赠送护理用品等。通过跨界合作，相互推荐客户，扩大店铺的知名度和销售机会
6	礼品卡赠送	购买指定金额的礼品卡时，额外赠送一定金额。例如，购买100元礼品卡即赠送10元礼品卡。此举旨在吸引顾客购买礼品卡，同时增加店铺的销售额和顾客黏性

（2）买赠活动注意事项

① 明确公示买赠活动的具体规则与条件，涵盖所需购买金额、所赠物品种类及促销期限等关键信息，确保顾客一目了然。

② 赠品质量须得到严格把控，确保其实用性与适用性，以满足顾客需求，进而提升他们的满意度和忠诚度。

③ 精细管理成本与库存，确保店铺能够承担买赠活动产生的额

外开销，同时避免因库存不足而损害顾客权益。

④ 定期评估并调整买赠策略，结合顾客反馈与市场动态进行优化，以提升促销活动的效果与收益。

8.3　限时特价

限时特价，作为宠物店常见的促销手段，其独特之处在于能够营造购物的紧迫感，激发顾客的购买欲望，促使他们迅速下单，从而有效提升店铺的销售额。

（1）限时特价方式

如表8-5所示的是宠物店可以考虑的一些限时特价方式。

表8-5　限时特价方式

序号	促销方式	具体说明
1	每日特价	每日精选不同产品或服务进行特惠促销，如周一狗粮特惠、周二猫砂特惠等。此举旨在吸引顾客每日关注店铺动态，进而提升销售量
2	闪购活动	特定时间段内提供限时折扣，如每天下午2点至4点。通过限时促销，制造紧迫感，鼓励顾客迅速下单
3	节假日特别优惠	节假日期间推出限时特价活动，如劳动节、春节等。利用节日氛围吸引顾客到店消费，带动销售额增长
4	促销倒计时	设置折扣倒计时，顾客在特定时间内（如24小时内）享受优惠，过期恢复原价，以此举激发顾客的购买紧迫感
5	限量特价	推出限量特价产品或服务，如限量50份的特价宠物美容服务。通过限量销售，激发顾客的购买欲望，避免错过特价机会
6	会员专享	为会员提供独家限时特价优惠，包括会员专属折扣、提前购买权等。这一策略旨在提高会员的忠诚度，并鼓励他们选择本店进行消费

（2）限时特价注意事项

① 精准传达活动详情：确保清晰标明活动的时间限制和折扣幅度，便于客户准确把握活动期限和优惠内容。

② 保障库存充足：确保库存能够满足客户需求，避免限时特价活动因供应不足而失去吸引力。

③ 持续优化策略：定期评估限时特价策略的效果，根据客户反馈和市场需求进行调整，以提高促销活动的成效。

④ 多渠道宣传推广：利用店内海报、社交媒体、电子邮件等多种渠道宣传活动，确保信息广泛传播，以吸引更多客户参与。

9 跨界合作：资源共享，互利共赢

宠物店跨界合作是一种创新性的营销策略，通过与其他行业或品牌进行合作，实现资源共享、优势互补，从而提升宠物店的知名度和影响力。

9.1 选择合作对象

宠物店应根据自身的定位和需求，选择与之相匹配的合作对象。

（1）合作对象匹配性：首先，需确保合作对象的市场定位、品牌形象及目标客户群体与宠物店高度契合。

例如，若宠物店专注于高端宠物市场，则应选择与同样定位高端、品质卓越的宠物用品或食品品牌合作。

（2）信誉与口碑评估：其次，评估合作对象的信誉和口碑至关重要。选择信誉良好、口碑出众的伙伴，能有效提升宠物店的形象，并增强客户信任。可通过查阅资料、客户评价或实地考察等方式进行评估。

（3）资源与能力考量：再者，需全面评估合作对象的资源与能力。这包括其销售渠道、市场份额、品牌影响力等资源，以及创新能力、市场运作、客户服务等能力。与资源丰富、能力强大的伙伴合作，将为宠物店带来更多机遇与优势。

（4）合作意愿与风险评估：双方的合作意愿和契合度是合作成功的关键。合作需建立在相互信任、支持的基础上。可通过沟通交流、探讨合作方案等方式评估合作意愿。同时，考虑合作成本与潜在风险，确保成本合理并制定风险应对措施。

 生意经

　　经过细致的评估与比较，宠物店能够筛选出最适宜的合作伙伴，共同构建跨界合作的双赢格局，实现双方的共赢。

9.2　制定合作方案

（1）合作目标明确化：首先，确立合作的明确目标，是品牌曝光度的增加、销售业绩的提升、市场份额的扩大等，确保跨界合作与宠物店长期战略目标相契合。

（2）合作对象深度调研：在规划合作方案前，对合作对象进行详尽的调研，了解其业务规模、市场地位、品牌形象及产品特点，以评估合作潜力与价值。

（3）合作内容与形式定制化：合作方案需明确双方的合作内容，如联合推广、联名产品等，并确定合作形式，如期限、方式和渠道，确保合作方案具有针对性和可操作性。

（4）资源整合与分配优化：梳理宠物店的资源，包括客户群体、销售渠道及专业技术，与合作对象的资源进行有效整合，并明确双方在合作中的权责，实现资源最大化利用。

（5）风险评估与应对预案：预测并评估合作过程中可能出现的风险，制定相应的应对措施，确保合作方案的稳定性和可持续性，降低潜在风险。

（6）正式协议签订：合作方案经双方充分沟通和协商达成共识后，签订正式合作协议，明确双方权利和义务，为合作的顺利实施提供法律保障。

9.3　评估合作效果

宠物店应定期评估跨界合作的效果并进行调整。通过收集和分析合作过程中的数据和信息，了解合作活动的实际效果和客户反馈，以便及时调整合作策略和优化合作方案。

（1）设定明确的评估指标：在开始合作之前，应设定一系列具体的、可衡量的评估指标，以便在合作过程中进行追踪和对比。这些指标可以包括销售额的增长、客户数量的增加、品牌知名度的提升等。

（2）收集和分析数据：合作期间，应定期收集相关数据，包括销售额、客户反馈、市场份额等，并对这些数据进行深入分析。通过对比合作前后的数据变化，可以初步评估合作的效果。

（3）关注客户反馈：客户的满意度和反馈是评估合作效果的重要方面，直接反映了合作对宠物店业务的影响。可以通过调查问卷、在线评价等方式收集客户反馈，了解他们对合作活动的看法和感受。

（4）关注合作带来的品牌影响：跨界合作通常能够提升宠物店

的品牌知名度和形象。可以通过监测社交媒体上的讨论、媒体报道等渠道，了解合作对品牌声誉的影响。

（5）进行成本和收益分析：评估合作效果时，必须考虑合作所投入的成本与所获得的收益之间的平衡。通过对比合作前后的成本和收益数据，可以判断合作是否实现了预期的经济效益。

在评估合作效果的过程中，还需要注意图8-8所示的几点。

事项一	确保评估的公正性和客观性，避免主观臆断和偏见
事项二	结合宠物店的整体战略和目标，评估合作是否符合长期发展规划
事项三	及时总结合作过程中的经验和教训，为未来的合作提供参考和借鉴

图8-8　评估合作效果的注意事项

生意经

通过与不同行业的合作，可以吸引更多潜在客户关注宠物店，并引导他们成为实际消费者。因此，在合作过程中，应注重客户体验和服务质量，确保新客户能够满意并愿意再次光顾。

10　新产品推广：新产品上市，引爆市场

新产品推广，作为宠物店行之有效的营销策略，旨在吸引顾客目光，激发其购买欲望，进而为店铺带来销售增长的新动力。如图8-9所示的是宠物店可以考虑的一些新产品推广方式。

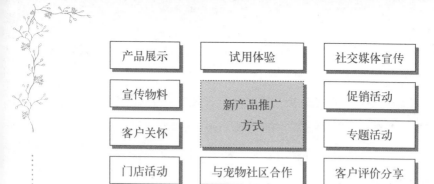

图8-9 新产品推广方式

10.1 产品展示

店内设置醒目的专属展示区，陈列新产品，并配以详尽的产品介绍和说明。此举旨在吸引顾客目光，激发他们对新产品的兴趣。

10.2 试用体验

提供新产品试用装或样品，供顾客免费或优惠体验。这种亲身感受能让顾客更深入了解产品特点与效果，增强购买信心。

10.3 社交媒体宣传

借助社交媒体平台，发布新产品宣传信息，涵盖产品介绍、特性及使用方法。此举旨在吸引更多潜在客户，促进线上线下销售。

10.4 促销活动

针对新产品推出限时促销活动，如折扣优惠、买赠活动等。此举旨在刺激顾客购买欲望，提高店铺销售额。

10.5　专题活动

围绕新产品举办专题活动，如新产品发布会、讲座或培训。这些活动不仅能提升新产品的曝光度，还能吸引潜在客户的关注。

10.6　客户评价分享

鼓励购买新产品的客户分享使用体验与评价，通过店内展示墙、社交媒体等多渠道宣传。此举能提升产品口碑与客户信任度，进而吸引更多潜在买家。

10.7　与宠物社区合作

与宠物社区、论坛或博客等建立合作关系，共同推广新产品。提供产品样品供试用评测，并在平台上发布推荐与介绍，以提升新产品影响力与曝光度。

10.8　门店活动

店内定期举办新产品相关活动，如产品演示、专家讲座、互动游戏等，吸引顾客参与并了解新产品。此举有助于提升店铺人气与销售机会。

10.9　客户关怀

针对老客户或忠诚会员，提供独家优惠或新产品提前购买权，让他们成为新产品推广的先锋。此举能增强客户满意度，促进复购与提升忠诚度。

10.10 宣传物料

制作精美的宣传海报、传单、宣传册等物料，置于店内及周边区域，吸引顾客关注并提供详细产品信息。这有助于提高新产品曝光度与顾客了解程度。

 相关链接 ··

新产品推广注意事项

在进行新产品推广的过程中，宠物店应聚焦于以下几个关键方面：

（1）明确目标客群与推广路径，选择恰当的方式实施宣传与推广活动。

（2）提供详尽的产品信息说明，使顾客能够全面了解产品的特性、用途及其独特优势。

（3）积极鼓励顾客亲身体验或试用新品，从而增强他们对产品的信任与购买欲望。

（4）定期评估推广成效，结合客户反馈进行必要的调整与优化，以提升推广活动的整体效果。

案例分享

坐落于繁华街区的××宠物店，毗邻居民密集区域，尽享旺盛的宠物市场需求。然而，在激烈的市场竞争中，该店正积极探寻创新的营销推广策略，力求吸引更多顾客目光，进而提升销售业绩。

1.策划创意

（1）欢乐宠物嘉年华：精心策划一场别开生面的宠物嘉年华活动，诚挚邀请宠物主人携爱宠共襄盛举。活动亮点纷呈，包括宠物才艺大比拼、趣味盎然的宠物互动游戏，以及专业宠物知识讲座等，旨在为宠物主人营造一个温馨而欢乐的聚会氛围，感受宠物店对每一位客户的关爱与温暖。

（2）萌宠摄影大赛：紧跟社交媒体潮流，发起一场宠物摄影挑战赛。诚挚邀请广大客户晒出自家宠物的可爱瞬间，并附上宠物店名称与专属话题标签。××宠物店准备了丰厚的奖品，吸引了更多人踊跃参与，共同分享这份萌宠之乐，同时提升宠物店的品牌曝光度。

2.实施步骤

（1）广泛宣传：借助宠物店官网、活跃的社交媒体平台以及线下醒目的海报，提前启动活动宣传。精心设计的宣传海报与短视频展现了活动独特亮点与诱人奖品，吸引了广大客户的目光与兴趣。

（2）精心组织：活动当日，××宠物店布置了专门的场地与设施，确保宠物主人与宠物能在舒适的环境中享受活动。由专业的工作人员负责现场管理与协调，以确保活动流程顺畅无阻，为参与者带来愉快的体验。

（3）社交互动：挑战赛期间，保持对社交媒体平台的密切关注，及时回复客户的评论与疑问。同时，通过积极转发、点赞等互动方式，进一步扩大了挑战赛的影响力，吸引更多用户参与。

3.效果评估

（1）客户增长统计：活动落幕之际，对新增客户数量进行详尽统计，从而精准评估活动在吸引新客户方面的成效。

（2）社交媒体影响评估：深入剖析挑战赛期间社交媒体平台的数据表现，包括参与者的数量、点赞与转发频次等，以此衡量挑战赛在社交媒体上的传播效果。

（3）销售业绩增长分析：××宠物店通过对比活动前后销售额的数据变化，客观评估了此次营销推广活动对销售业绩的实际提升效果。

4.后续跟进

（1）客户反馈收集：对参与活动的客户进行回访，积极收集他们对活动的意见和建议，旨在持续优化和完善未来的活动安排。

（2）社交媒体持续互动：持续维护宠物店的社交媒体平台，定期发布宠物相关的趣味内容和最新活动信息，保持与客户的互动与沟通。

（3）增强客户忠诚度：基于本次活动的成效评估，考虑推出会员制度或特惠活动，以深化客户忠诚度，并鼓励客户再次光顾。

案例点评：

经过本次精心策划的创意活动以及社交媒体的有力推广，××宠物店成功吸引了众多新客户，显著提升了品牌知名度和形象。此外，通过持续的后续跟进与不断优化，该店铺进一步稳固并扩大了市场份额，为长期稳定发展奠定了坚实基础。

第 9 章

客户管理与服务

关键词：
更新理念
赢取信任
提升满意度

宠物店的管理精髓在于服务的深化，一切运营活动均旨在吸引顾客光临、维持顾客忠诚度，以及提供卓越的客户服务。其管理的核心在于通过无微不至的服务，触动顾客的心灵，使他们在店内感受到满意与愉悦。

【要点解读】▶▶▶ -

1　热情接待来客：微笑服务，温暖人心

当顾客光临宠物店时，热情的接待与冷漠的忽视对其有着截然不同的影响。因此，宠物店应始终秉持热情周到的服务态度，让顾客感受到店铺的温馨与关怀。这样不仅有助于提升顾客的满意度和忠诚度，还能为店铺树立积极的品牌形象，进而吸引更多潜在顾客。

1.1　微笑与问候

顾客步入店铺时，员工应立即以微笑相迎，并主动致以问候，如"您好，欢迎光临本店！"这种温馨的欢迎语将迅速营造出热情友好的氛围。

1.2　主动询问需求

在问候之后，员工应细致询问顾客的需求，例如："您是准备为宠物选购用品，还是需要进行护理服务呢？"通过深入了解顾客需求，员工可以更为精准地推荐适合的产品或服务，从而提高交易效率。

1.3　专业解答与推荐

面对顾客的问题或需求，员工应提供专业的解答和推荐。例如，当顾客询问宠物食品的营养成分时，员工应详细解释该产品的优点和适用对象；当顾客对宠物护理有疑问时，员工可分享实用的护理技巧和注意事项。这种专业的服务将增强顾客对店铺的信任感。

1.4　保持耐心与细心

在服务接待中，员工必须保持足够的耐心与细心，全神贯注地聆听客户的诉求与建议。面对客户的各种疑问或不满情绪，员工应当耐心地进行解答与应对，力求消除可能的误会，防止冲突的产生。同时，员工还需对客户的宠物给予细致入微的关注，观察宠物状态与情绪，从而为客户提供更为周到的服务。

1.5 送客与道别

客户离开时，员工应礼貌地送客，并致以诚挚的道别。例如，可以用如"非常感谢您的光临，愿您和您的宠物享受美好的一天！"这样温馨的话语为本次服务画上圆满的句号。若客户有尚未解决的问题或需要后续跟进的服务，员工应主动提供联系方式，或提示客户随时可再次光临寻求帮助。

 相关链接

接待服务小妙招

宠物店工作人员在接待客户时，要善于了解客户心理、探知客户爱好、迎合客户兴趣、预知客户反应，适当应对，并提供恰到好处的服务，使其轻松而来，满意而归。

1.了解客户心理

客户的身份、年龄职业爱好习惯虽各有不同，其态度、表情也因人而异，但是，其求新求实求廉求美的心理状态是共同的，工作人员要了解和掌握客户的不同心理状态，推销客户满意的商品和服务。

2.探知客户爱好

在接待客户时要善于观察，快速了解客户的性格，探知客户喜好，对于较理性的客户，谈话内容要求条理井然、层次分明；对于注重情感的客户，要讲些感性的事实；对注重利益，讲究实惠的客户，要介绍商品的实用性；对于犹豫不决的客户要帮助其解决后顾之忧，做到有的放矢。

3.迎合客户兴趣

有些客户购买商品是凭兴趣出发的，而客户的兴趣又是不断变化的，为此，工作人员要抓住客户兴趣，从客户感兴趣的话题开始，推销商品和服务，要是客户不感兴趣，工作人员应该赶快转换话题，不要滔滔不绝大谈客户不感兴趣的内容，以免浪费时间和精力。

4.预知客户反应

工作人员在与客户进行谈话时，要预测客户的反应，不同的客户对同样的谈话反应不同，因此要区分对象采用不同的接待方法。不分对象、不管客户反应如何，一个劲儿地进行推销，常常会弄巧成拙。

② 提供个性服务：量身定制，满足需求

宠物店在提供传统服务的基础上，可以进一步拓展如图9-1所示的个性服务，以满足不同客户和宠物的特殊需求。

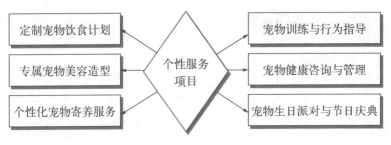

图9-1　个性服务项目

2.1 定制宠物饮食计划

根据宠物的品种、年龄、健康状况和口味偏好，为客户提供个性化的宠物饮食计划，可以包括推荐特定品牌或类型的宠物食品，以及定制营养餐，确保宠物获得均衡的营养。

2.2 专属宠物美容造型

除了基本的洗澡和修剪服务外，宠物店还可以提供专属宠物美容造型服务。根据宠物的毛发类型、体型和客户的喜好，为宠物打造独特的美容造型，让宠物焕发个性魅力。

2.3 个性化宠物寄养服务

个性化宠物寄养服务是一种为宠物主人提供的定制式寄养方案，旨在确保宠物在主人无法陪伴时得到细致的照顾和关爱。在寄养期间，员工会根据宠物情况特别定制宠物的饮食、运动和日常活动，确保宠物得到妥善的照顾和关爱。同时，客户可以通过照片、视频等方式实时了解宠物在店内的生活情况，从而放心出行。

2.4 宠物训练与行为指导

很多宠物主人关心宠物的教育和训练问题，特别是如何让宠物更好地融入家庭生活，纠正不良行为。宠物店可以与专业的宠物训练师合作，提供个性化的宠物训练与行为指导服务。这可以帮助宠物纠正不良行为，提升宠物的社交能力和生活质量。

2.5　宠物健康咨询与管理

为宠物提供健康咨询与管理服务，解答客户关于宠物健康的问题，提供疾病预防和日常护理的建议。此外，还可以建立宠物健康档案，记录宠物的疫苗接种、驱虫和体检等信息，方便客户随时查看和管理宠物的健康状况。

2.6　宠物生日派对与节日庆典

为宠物举办生日派对或节日庆典活动，让宠物和主人共度美好时光。可以设置主题装饰、主题乐园，或准备宠物美食和玩具，还可以邀请其他宠物和主人一起参加，增进宠物之间的友谊和主人之间的交流。

3　完善售后服务：贴心服务，赢得信任

良好的售后服务能够增强客户对产品的信任感和满意度，提升客户忠诚度，进而促进销售业绩的增长。同时，售后服务也是宠物用品零售店与客户之间建立良好关系的重要环节，对店铺树立良好的品牌形象起到关键作用。完善售后服务的具体措施如图9-2所示。

3.1　建立售后服务体系

打造一个细致全面售后服务体系至关重要，涉及确立清晰的服务政策，具体阐述服务范畴、内容及标准，确保客户在享受服务时得到明确的指导。同时，构建一套有效的服务监督机制，定期对服务流程和质量进行评估，以实现服务质量的持续优化。

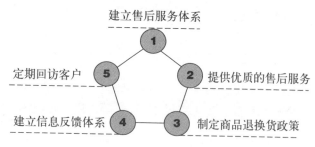

图9-2　完善售后服务的措施

3.2　提供优质的售后服务

宠物店需迅速响应客户需求，无论涉及商品咨询、投诉或建议，都应耐心倾听并积极处理。此外，专业的售后服务同样不可或缺，包括宠物医疗、美容、训练等方面的专业咨询和解决方案，以满足客户的多样化需求。

3.3　制定商品退换货政策

商品退换货政策作为售后服务的关键环节，必须得到重视。对于因质量问题或不符合要求的宠物用品或食品，宠物店应提供便捷的退换货服务。为此，需制定明确的退换货政策，详细规定退换货的流程、时间限制和条件，确保客户在退换货过程中得到满意的解决方案，如表9-1所示。

表9-1　制定商品退换货政策的要点

序号	政策要点	具体说明
1	退换货条件	明确规定哪些情况下可以进行退换货，如产品损坏、质量问题、尺寸不合适等。同时，也要明确哪些情况下不接受退换货，如人为损坏或超过一定时间限制等

序号	政策要点	具体说明
2	产品状态	要求客户在退换货时保持产品完好，并提供原始包装和配件。这样可以确保产品能够重新销售或进行维修
3	退款方式	确定退款方式，如原路返回支付方式、提供商店礼品卡或提供现金退款等。确保客户能够方便地选择适合自己的退款方式
4	时间限制	设定合理的时间限制，规定客户需要在一定时间内提出退换货申请
5	客户身份验证	要求客户提供购买凭证或身份验证信息，以确认他们是合法的购买者，以减少销售欺诈行为
6	退换货流程	明确规定退换货的具体流程，包括客户需要填写的表格、退回产品的方式和地址等。确保客户能够顺利地办理退换货手续

3.4 建立信息反馈体系

建立宠物社区的信息反馈体系也是完善售后服务的重要环节。宠物店通过提供网站或APP上的评价功能，让客户对产品和服务进行评价，以收集反馈意见。同时，建立客服团队，通过电话、电子邮件、在线聊天等方式，及时为客户提供咨询和解决问题的服务。

常见的售后反馈渠道有表9-2所示的几种。

表9-2 售后反馈渠道

序号	反馈渠道	具体说明
1	售后服务热线	设立售后服务热线，客户可以通过拨打电话与店铺的售后服务人员进行沟通和咨询。确保热线电话号码在店铺官方网站、产品包装或其他宣传材料上明确标示

序号	反馈渠道	具体说明
2	在线客服	提供在线客服功能，客户可以通过宠物店的网站或移动应用程序与售后服务人员进行实时在线交流。这种方式方便快捷，客服能够及时解答客户的问题
3	电子邮件	提供电子邮件地址，客户可以通过发送电子邮件与售后服务人员联系。这种方式适合于一些较为复杂或需要提供详细信息的问题
4	社交媒体平台	在社交媒体平台上建立官方账号，并及时回复客户在评论区或私信中提出的问题和反馈。这样可以增加与客户的互动，并展示店铺对于售后服务的重视
5	售后服务柜台	店铺可设立专门的售后服务柜台或区域，方便客户进行咨询和退换货等手续的办理
6	售后服务网页	在宠物店的官方网站上设立售后服务专区，提供常见问题解答、退换货流程说明、联系方式等信息。客户可以在网页上找到所需的帮助和信息
7	宠物社区论坛	参与宠物社区论坛，回答客户在论坛上提出的问题。这样可以扩大店铺的影响力，并与潜在客户建立联系
8	私人订阅通道	为客户提供私人订阅通道，如微信、短信或电子邮件订阅。通过定期发送有关产品更新、促销活动或宠物护理建议等信息，保持与客户的联系并提供有效信息
9	产品包装或说明书	在产品包装或说明书上提供售后服务联系方式，以便客户能够方便地找到并联系到店铺的售后服务团队

3.5 定期回访客户

为了进一步提升售后服务质量，宠物店还可以定期进行客户回访。通过电话、短信或微信等方式，了解客户在使用产品中的感受，收集他们的意见和建议。在回访过程中，注意礼貌和真诚沟通，让客户感受到店铺的真诚和亲切。

售后回访技巧

1.确定回访频率

确定合适的回访频率，可以根据客户购买产品的时间、产品类型和客户需求而有所不同。一般来说，可以选择每个月、每季度或每半年进行回访。

2.选择合适的回访方式

根据客户偏好和方便性，选择合适的回访方式。可以通过电话、电子邮件、短信或社交媒体等渠道进行回访。

3.提前通知客户

在进行定期回访之前，提前通知客户并确认他们是否愿意参与。这样可以确保他们有足够的时间准备，并提高参与度。

4.了解客户满意度

在回访中询问客户对宠物产品和服务的满意度。可以提出具体问题或使用评分表格来收集反馈信息。了解他们对产品质量、售后服务、员工态度等方面的评价。

5.解决问题和投诉

如果客户在回访中提出问题或投诉，要及时响应并采取解决措施。确保客户的问题得到妥善处理，增强他们对店铺的信任和满意度。

6.提供优惠或奖励

在回访中，可以提供一些优惠或奖励，以感谢客户的参与和反馈。这样可以增加客户的参与度，并提高他们对店铺的忠诚度。

7.收集建议和改进建议

在回访中询问客户对店铺的意见和改进建议。这样可以帮助店铺了解客户需求和期望，并根据反馈进行相应的改进。

8.更新客户信息

在回访中更新客户的联系方式，如电话号码、电子邮件地址等。确保店铺能够及时与客户保持联系，并提供相关信息和优惠活动。

9.个性化服务

根据回访中收集到的信息，为每位客户提供个性化服务。了解他们的宠物喜好、需求和特点，并根据这些信息提供相应的建议或推荐。

10.持续改进

根据回访结果和反馈意见，不断改进产品质量、售后服务和经营策略。关注客户需求的变化和趋势，及时调整和优化店铺的经营模式和流程。

4 开展客户培训：知识传递，建立信任桥梁

宠物店的客户培训是为了帮助客户更好地照顾和护理他们的宠物，而提供的相关知识和技能的培训。如表9-3所示的是关于宠物店客户培训的内容。

表9-3 客户培训的内容

序号	培训内容	具体说明
1	宠物基础知识培训	向客户提供关于不同宠物品种的特色、饲养要领和健康护理的基础知识，帮助他们选择最合适的宠物，并掌握饲养的基本技巧
2	宠物行为培训	教授客户宠物的基本指令训练、社交化训练及行为问题解决方法，旨在建立和谐的宠物与主人关系，提升宠物的生活质量
3	饲料和营养培训	为客户详解不同宠物饲料的成分与功效，指导他们根据宠物需求选择合适的食品，确保宠物健康成长
4	家居安全培训	指导客户在家中打造安全、舒适的宠物生活环境，包括设置安全区域、妥善存放危险物品和防止宠物逃逸的措施
5	宠物健康护理培训	教授客户宠物日常清洁、梳理、洗浴和修剪的技巧，并强调定期健康检查和预防接种的重要性
6	宠物急救知识培训	教授客户基本的宠物急救知识，如心肺复苏、止血和骨折处理等，以备不时之需，保障宠物安全
7	产品使用指导培训	提供详尽的产品使用指导，如宠物饲料、宠物玩具、宠物厕所等，确保客户能充分发挥产品的功能
8	宠物健康讲座	定期举办宠物健康讲座，邀请专家分享宠物护理知识和经验，帮助客户更深入地了解宠物健康知识
9	在线资源和指南	为客户提供丰富的在线资源，包括官方网站、社交媒体平台等，以便他们随时获取宠物护理建议、解答疑问和获取最新资讯

5 客户投诉处理：及时响应，化解疑虑

处理宠物店的客户投诉是一个关键的管理环节，它直接关系到店铺的声誉和客户忠诚度。一般来说，处理客户投诉的步骤如图9-3所示。

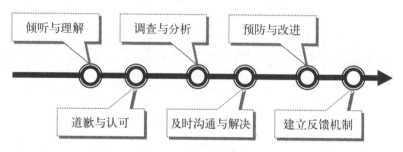

图9-3 客户投诉处理步骤

5.1 倾听与理解

耐心倾听客户的投诉，确保充分理解他们的不满与困扰。这不仅彰显了宠物店对客户的尊重，也能更精准地把握问题的核心。

5.2 道歉与认可

无论责任归属如何，都应首先向客户致以诚挚的歉意，并理解和认可他们的情绪。这能有效安抚客户，为后续问题的妥善解决营造和谐氛围。

5.3 调查与分析

在明确投诉内容后，进行详尽的调查与分析，旨在挖掘问题的

根本所在。此举有助于明确责任，为后续制定针对性的解决方案奠定基础。

5.4　及时沟通与解决

一旦问题调查清楚，应立即与客户沟通，解释问题产生的原因，并提供相应的解决方案。若责任在宠物店，应主动担责并给出补偿或提出改进措施；若责任不在店铺，应坦诚向客户说明，以争取其理解与信任。

5.5　预防与改进

完成投诉处理后，应对问题进行总结与反思，分析原因，并采取相应措施防止类似问题再次发生。同时，根据客户的反馈，持续提升店铺的服务质量和管理水平。

5.6　建立反馈机制

为了更好地收集客户需求与意见，宠物店应构建客户反馈机制，如设立投诉箱、提供在线反馈渠道等。这有助于及时发现并解决问题，从而提升客户满意度，增强客户忠诚度。

生意经

在处理客户投诉时，宠物店应保持专业、耐心和真诚的态度，以赢得客户的信任和尊重。同时，也要不断学习和改进，提升店铺的服务水平和管理能力。

客户投诉的常见原因与应对策略

一般来说，引起客户投诉的原因有以下几种。

（1）服务态度欠佳：无视客户反应，单方面推销，或在提供服务后态度突变，甚至言辞无礼，均可能导致客户不满。

（2）销售策略失当：采取过于强硬或缺乏商品知识的推销方式，难以满足客户的咨询需求，从而引发投诉。

（3）商品信息不符：商品标签与实际内容不符，如数量、重量或价格标识错误，都会让客户感到被误导。

（4）收银问题：如收银时找零错误、多收费或收银速度缓慢，都会给客户带来不便和不满。

（5）服务时间违约：未按照约定时间提供服务，如宠物美容师未按时到店，将影响客户的体验。

（6）物流问题：包括送货不及时或商品在运输过程中受损，均会影响客户对商品和服务的满意度。

6 客户信息管理：精准记录，助力决策

宠物店客户信息管理是一项系统性工作，需要明确目的、建立数据库、保护隐私、实现精准营销以及定期更新信息。通过这些措施，宠物店可以更好地了解客户需求，提升服务质量，增强客户忠

诚度，实现业务可持续发展。

6.1　信息的收集

（1）信息收集的范围

宠物店需要收集的客户信息应涵盖客户的基本资料、宠物信息、购买记录以及服务反馈等方面。这些信息有助于宠物店了解客户的需求和偏好，为提供个性化服务打下基础。特别需要注意的是，收集客户信息一定要在确保客户信息安全和隐私的前提下进行。

（2）信息收集的途径

如表9-4所示的是收集客户信息的途径和方法。

表9-4　客户信息收集的途径与方法

序号	收集途径	具体方法
1	客户档案记录	（1）在客户首次到店时，可以设计一份详细的客户档案表格，记录客户的基本信息，如姓名、联系方式、住址等 （2）记录客户饲养宠物的信息，包括宠物品种、年龄、性别、健康状况、饮食习惯等 （3）询问并记录客户的购买偏好和预算，以便为他们推荐合适的产品
2	线上平台互动	（1）利用宠物店的官方网站或社交媒体平台，鼓励客户在线填写信息或参与问卷调查 （2）通过线上活动或互动游戏，吸引客户参与并分享个人信息
3	会员制度	（1）实施会员制度，要求客户在注册会员时提供相关信息 （2）通过会员积分、优惠活动等方式，激励客户更积极地提供和更新个人信息

序号	收集途径	具体方法
4	交易记录分析	（1）每次客户在店内购买商品或服务时，记录他们的购买历史和支付习惯 （2）分析客户的购买行为，了解他们的消费偏好和需求变化
5	客户反馈渠道	设置专门的客户反馈渠道，如意见箱、电子邮箱或在线表单，鼓励客户提出宝贵意见和建议。通过客户反馈，了解他们对产品和服务的满意度，以及可能存在的改进空间

6.2 建立客户信息库

通过数据库管理系统，宠物店可以对收集到的客户信息进行分类、整理、存储和查询。这有助于实现信息的快速检索和内部共享，提高工作效率。

一般来说，客户的信息主要包括表9-5所示的内容，将这些基本客户信息资料库建立起来后，每一位客户和其宠物便有了自己的资料卡。

表9-5　客户信息表的内容

序号	信息类目	具体说明
1	宠物主人资料	包括宠物主人姓名、性别、住址、电话、电子邮箱、兴趣爱好等
2	宠物资料	包括饲养宠物的数量、品种、性别、年龄、毛色、毛型，以及喜欢吃何种饲粮、曾患过何种疾病、有无特殊要求等
3	惠顾资料	包括惠顾日期、惠顾类型（如为宠物洗澡、剪毛、染发、护理、寄养或购买宠物食品、饰品等）所购商品的名称、规格、价格、数量和金额等
4	其他信息	包括客户的要求、建议、意见，购买过程及为什么选择在本店消费等

6.3　信息资料的管理

（1）重点客户的管理

宠物店的重点客户分为两类：忠实客户与优质客户。忠实客户通过持续消费行为体现对店铺的信赖；而优质客户则表现出较高的配合度，他们更为注重购物与服务的便捷与高效，而对价格不敏感。因此，店铺需通过服务追踪等方式，积极构建与这些客户的良好关系，加深其对本店的好感与信任。

（2）老客户信息的有效利用

店铺的老客户是谁？他们分布何处？借助客户信息管理系统，经营者能查阅客户的基本信息，如姓名、地址、联系方式、性别、生日等。这些客户信息将助力每一次促销活动精准地送达目标群体。

店铺可利用电话回访等方式，为老客户提供新品资讯或享受促销优惠的机会，从而与老顾客建立更加紧密的客户关系。

（3）创造接触机会

与客户的多一次接触即意味着多一份成交的可能性。为了创造商机，店铺需积极出击，主动寻找与客户接触的契机。通过客户信息管理系统，经营者可清晰了解每位客户的购买记录，包括商品种类、型号及价格，从而明确哪些商品可能激发客户兴趣。结合商品推广与促销活动，店铺可以主动与客户联系，吸引其再次消费。

（4）流失客户挽回

店铺可以对客户信息管理系统进行深入分析，筛选出超过一定期限（如半年或一年）未消费的客户，并通过电话或微信等方式进行问候。这一举措不仅展现了店铺的贴心关怀，有助于增强客户对店铺的好感，还能有效促进流失客户的回流，从而稳固店铺的客户基础。

（5）惊喜营销与情感维系

定期向客户赠送小玩具、小饰品等惊喜礼物，是建立和加深与客户情感联系的有效策略。这些"小惊喜"能够让客户感受到店铺的用心与关怀，进而增强客户对店铺的好感和忠诚度。

（6）客户信息动态管理

客户信息管理系统应由专人负责，仅限于内部使用，并实施动态管理。鉴于客户情况的不断变化，客户信息也需要相应地进行调整。一旦发现客户信息有变动，应立即填写客户变动卡，及时删除过时或已变化的资料，并补充最新的信息，以确保客户信息的准确性和完整性。

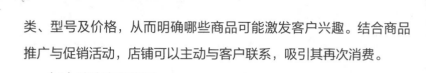

案例分享

位于城市繁华地段的××宠物店，面临着激烈的行业竞争。为了稳固客户基础，提升客户满意度与忠诚度，宠物店精心策划了一套全新的客户管理策略，致力于构建长期稳定的客户关系，吸引更多回头客，并促进客户消费额的增长。

1.客户管理策略

（1）客户档案管理。××宠物店为每位客户建立了详尽的档案，详细记录客户宠物的品种、年龄、健康状况及喜好等信息。同时，定期更新客户的联系方式和购买记录，确保能与客户保持紧密沟通。

（2）个性化服务定制。基于客户的购买历史和宠物特点，宠物店为客户提供个性化的服务建议。比如，为年龄较大的宠物推荐适宜的营养品和保健服务；为活泼好动的宠物精选合适的玩具和活动用品。

（3）会员制度与回馈机制。××宠物店推行会员制度，根据客户的消费额度和频率，给予相应的积分回馈。这些积分可用于兑换商品、享受折扣或参与店内特色活动。此外，××宠物店还定期为会员提供专属优惠和礼品，以增强客户对店铺的归属感与忠诚度。

（4）深度关怀与定期交流。××宠物店定期通过短信、邮件或电话等方式，向客户传递宠物养护知识、新品上架信息以及活动详情。在重要的节日或宠物生日之际，还会发送温馨的祝福信息或精心挑选的小礼品，以表达关怀与感谢。

（5）客户反馈机制与优化。为了更好地了解客户的需求和期望，××宠物店设立了专门的客户反馈渠道，鼓励客户对店铺的服务、商品及环境提出宝贵的意见和建议。对于每一条反馈，宠物店都会认真倾听并及时作出调整和改进，以持续提升客户满意度。

2.实施效果

经过实施上述客户管理策略，××宠物店取得了显著的成效：

（1）客户满意度和忠诚度显著提升，回头客数量明显增加，为店铺带来了稳定的客流。

（2）客户消费额稳步增长，推动了宠物店业绩的持续提升。

（3）宠物店口碑传播范围不断扩大，吸引了更多新客户的关注和选择。

案例点评:

××宠物店通过建立详尽的客户档案、提供个性化的服务推荐、推行会员制度、定期与客户保持沟通与关怀，以及积极收集并响应客户反馈，该店成功提升了客户满意度和忠诚度，从而推动了业务的显著增长。这一成功案例为其他宠物店提供了宝贵的启示：结合自身实际情况，借鉴这些策略，制定个性化的客户管理方案，是提升竞争力的关键。同时，持续关注市场动态和客户需求变化，不断优化客户管理策略，有助于宠物店保持领先地位，实现可持续发展。

第10章

质量管理与提升

客户是店铺经营下去的根本，而服务质量永远是一个门店能够留住客户的制胜法宝。宠物店应该将质量管理放在首要位置，不断追求卓越，并通过不断改进，提升质量管理水平，以适应市场的变化和客户的需求。

【要点解读】▶▶▶ -

1 客户反馈收集：倾听心声，不断优化

收集客户反馈对于宠物店来说非常重要，可以帮助店铺了解客户的需求和意见，进而改进和提升服务质量。如图10-1所示的是一些宠物店收集客户反馈可以采取的方法。

1.1 客户满意度调查

定期进行客户满意度调查，可以通过在线问卷、电话问询或邮

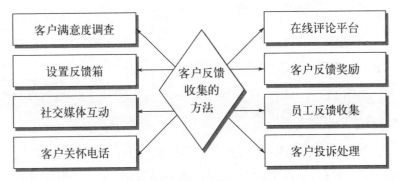

图10-1　客户反馈收集的方法

件调查等方式进行。问卷可以包括对店铺服务、产品质量、员工态度等方面的评价和建议。

1.2　设置反馈箱

在宠物店内设置反馈箱，供客户填写反馈表或留下意见和建议。确保反馈箱的位置明显，并定期检查和回复客户的反馈。

1.3　社交媒体互动

通过社交媒体平台与客户进行互动，回答他们的问题、解决问题，并鼓励他们提供反馈和建议。可以通过直接留言、评论或私信等方式与客户进行沟通。

1.4　客户关怀电话

定期致电客户，了解他们对店铺服务的满意度和建议。这种个性化的沟通方式可以让客户感受到店铺对他们的关注和重视。

1.5 在线评论平台

鼓励客户在在线评论平台上留下对店铺的评价和反馈。店铺可以主动回复评论，表达对客户的感谢和关注。

1.6 客户反馈奖励

给予提供建议的客户一些奖励或优惠，可以是折扣券、赠品或积分等多种形式的回馈。

1.7 员工反馈收集

鼓励员工主动收集客户的反馈和建议，并及时向店铺管理层汇报。员工是店铺与客户之间的桥梁，能够更直接地了解客户的需求和意见。

1.8 客户投诉处理

认真对待客户的投诉，并及时处理。投诉处理过程中可以收集客户的反馈，并在问题解决后进行跟进，以确保客户满意度。

2 评估服务质量：细致入微，追求卓越

定期评估服务质量可以帮助宠物店发现问题、解决问题，并不断提升服务水平。通过客户满意度调查、员工表现评估等方式，了解客户需求、员工表现以及服务效率等方面的情况。根据评估结果，制订改进计划并跟踪执行情况，以确保改进措施的有效性。

宠物店可以参考图10-2所示的方法来定期评估服务质量。

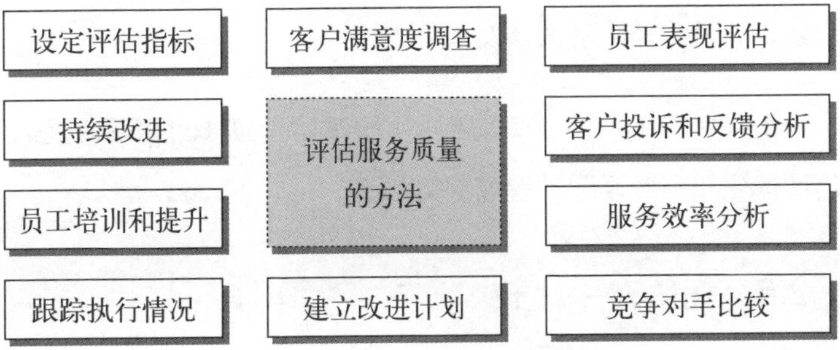

图10-2 评估服务质量的方法

2.1 设定评估指标

确定一些关键的评估指标，如客户满意度、员工表现、服务效率等。这些指标应与宠物店的目标和价值观相一致。

2.2 客户满意度调查

定期进行客户满意度调查，了解客户对宠物店服务的评价和反馈。可以通过在线调查、电话访谈或纸质问卷等方式进行调查。

2.3 员工表现评估

对员工进行定期的表现评估，包括工作态度、专业知识、沟通能力等方面，可以通过员工自评、上级评估或同事互评等方式进行。

2.4 客户投诉和反馈分析

分析客户投诉和反馈信息，了解存在的问题和改进方法，将投诉和反馈信息作为改进的重要依据。

2.5 服务效率分析

分析宠物店的服务效率，包括等待时间、办理速度等方面。通过流程优化和资源调配，提高服务效率。

2.6 竞争对手比较

与竞争对手进行比较，了解他们的服务水平和优势。通过对比分析，找出自身的差距和改进的方向。

2.7 建立改进计划

根据评估结果，制订改进计划并设定具体的目标和时间表。确保改进计划可行，并将其纳入日常运营中。

2.8 跟踪执行情况

定期跟踪改进计划的执行情况，并进行评估。根据实际情况进行调整和优化，确保改进措施的有效性。

2.9 员工培训和提升

根据评估结果，为员工提供相应的培训和提升机会。通过培训提高员工的专业知识和技能，以提升服务质量。

2.10 持续改进

将定期评估服务质量作为持续改进的一部分，不断寻求新的改进机会和创新点。关注客户需求变化和行业趋势，及时调整服务策略。

3 优化店内环境：舒适宜人，提升体验

通过优化店内环境，宠物店能打造出一个既舒适又安全的空间，不仅可以提升客户的购物体验，也能让宠物感到愉悦。优美舒适的环境无疑会吸引更多顾客的光顾，进而增强店铺的声誉和市场竞争力。

宠物店可以从图10-3所示的几个方面来优化店内环境。

清洁和卫生	舒适的空间布局	合适的温度和湿度
定期维护设备	优化店内环境的措施	可靠的安全设施
美观装饰		良好的照明
设置安静区域	舒适的床铺和玩具	噪声控制

图10-3　优化店内环境的措施

3.1 清洁和卫生

保持店内的清洁和卫生，定期清理宠物毛发、消毒工具和设备。确保店内没有异味和污渍，给客户和宠物一个干净舒适的环境。

3.2 舒适的空间布局

合理规划店内空间，确保宠物有足够的活动空间。设置舒适的休息区、玩耍区和等候区，为客户提供舒适的等待环境。

3.3 合适的温度和湿度

控制店内的温度和湿度，确保宠物在舒适的环境中。根据不同

季节调整空调或加湿器等设备，以满足不同宠物对温度和湿度的需求。

3.4　可靠的安全设施

确保店内设施安全可靠，避免对宠物造成伤害。例如，使用安全固定好的笼子、防滑地板、安全栏杆等设施。

3.5　良好的照明

宠物店应提供明亮而柔和的照明，确保顾客能清晰观察商品，宠物也能舒适地感知周围环境。避免过亮或过暗的照明，以保障宠物的舒适度。

3.6　噪声控制

为减少店内噪声对宠物造成的压力，应采用隔音材料和设备，降低噪声水平，为宠物营造一个宁静舒心的环境。

3.7　舒适的床和多样化的玩具

为宠物提供柔软舒适的床、多样化的玩具，让宠物在店内感到愉悦与安心，有效缓解它们的焦虑和无聊。

3.8　设置安静区域

为宠物和宠物主人设立安静的休息区域，减少外界干扰，确保他们可以享受私密的交流时光，感受安全和放松。

3.9　美观装饰

运用合适的装饰品和植物，精心布置店铺环境，营造出温馨美观的氛围。这不仅能让顾客留下良好印象，还能提升店铺的整体形象。

3.10　定期维护设备

为确保店内设备的正常运行并提供优质服务，应定期进行设备检查和维护，包括空调、宠物洗澡设备和美容工具等。

4　关注客户体验：细节之处，彰显品质

聚焦客户体验，宠物店能够显著提升服务品质，赢得更高的客户满意度，从而构筑起坚实的口碑和顾客忠诚度。为实现这一目标，宠物店可参考图10-4所示的建议，不断优化客户体验。

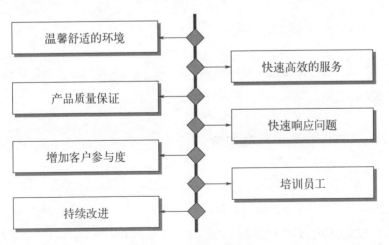

图10-4　关注客户体验

4.1 温馨舒适的环境

营造温馨舒适的店内环境，让客户和宠物感到放松和愉快。提供舒适的座位、清洁整洁的空间，并确保店内温度、湿度等因素符合宠物舒适度要求。

4.2 快速高效的服务

尽量减少等待时间，提供快速高效的服务。例如，设置预约系统、增加工作人员数量等措施，以确保客户能够及时得到所需服务。

4.3 产品质量保证

只销售高质量、安全可靠的宠物产品。确保产品符合相关法规和标准，并提供明确的产品说明和使用指南。

4.4 快速响应问题

对于客户提出的问题或投诉，要及时回应并解决。确保店内有专人负责处理客户问题，并建立有效的沟通渠道。

4.5 增加客户参与度

鼓励客户参与店铺活动、促销和社交媒体互动。例如，提供优惠券、举办抽奖活动、邀请客户分享宠物照片等。这可以增加客户对店铺的参与感和忠诚度。

4.6 培训员工

定期培训店员，提升他们的专业知识和服务技能。确保他们了解宠物产品、健康护理知识，并能够为客户提供准确的建议和帮助。

4.7 持续改进

根据客户反馈和市场需求，不断改进店铺服务和经营策略。关注客户体验的变化和趋势，及时调整和优化店铺的服务模式和产品选择。

案例分享

××宠物店坐落于市中心的繁华区域，面临着激烈的市场竞争。由于过去服务质量和客户体验未达到理想水平，导致客户流失率较高，业绩逐渐下滑。为应对这一挑战，宠物店决定进行全面的质量提升改革。

一、质量提升策略

1.员工培训与素质提升

（1）定期对员工进行专业技能和客户服务培训，提高员工的专业素养和服务意识。

（2）引入绩效考核制度，激励员工提升服务质量。

2.优化服务流程与细节

（1）重新设计服务流程，确保客户在店内的每个环节都能得到及时、专业的服务。

（2）关注细节，如店内环境整洁、宠物用品陈列有序等，以提升客户的整体感受。

3.个性化服务创新

（1）基于客户的需求和宠物的特性，为客户提供个性化的服务建议和解决方案。

（2）推出宠物定制服务，如定制宠物食品、玩具等，以满足客户的个性化需求。

4.建立客户反馈机制

（1）设立客户意见箱和在线反馈渠道，收集客户的意见和建议。

（2）对客户的反馈进行定期分析和总结，及时调整服务策略、改进服务质量。

二、实施效果

经过一系列质量提升措施的实施，××宠物店取得了显著的效果：

（1）客户满意度大幅提升，回头客数量明显增加。

（2）店内销售额和业绩实现了稳步增长。

（3）员工的服务意识和专业素养得到了显著提升，形成了积极向上的工作氛围。

案例点评：

××宠物店的成功质量提升案例凸显了通过员工培训、服务流程优化、个性化服务创新及建立客户反馈机制等多元手段，能够有效促进服务质量的提升，并显著增强客户满意度。这些宝贵经验对于其他宠物店而言，是值得借鉴与参考的。各宠物店可结合自身的经营特点和客户需求，量身定制质量提升方案。同时，密切关注市场变化和客户需求动向，不断进行自我完善和创新，以确保在竞争中保持优势，实现长期稳定的发展。

　　然而，必须认识到，每个宠物店的经营环境和客户群体都是独特的，因此在实施策略时，需根据具体情况灵活调整。此外，质量提升并非一蹴而就，而是一个持续不断的过程，需要长期投入和不懈努力。

第11章

持续发展
与扩张

关键词：
承担责任
占据市场
稳定发展

通过市场扩张和品牌影响力提升，宠物店可以在激烈的市场竞争中脱颖而出，赢得更多的客户支持和认可。同时，店主应密切关注市场变化和客户需求的变化，灵活调整策略，不断优化和改进服务，以提升竞争力，实现长期稳定的经营发展。

【要点解读】▶▶▶ — — — — — — — — — — — — — — — —

1 制定发展规划：明确方向，稳步前行

制定宠物店的发展规划是非常重要的，可以帮助店主明确未来的发展方向和目标，指导经营决策和资源配置。

1.1 定义愿景和使命

明确宠物店的愿景（未来所要达到的目标）和使命（为何存在、提供什么价值），作为发展规划的基础。

1.2　进行市场分析

了解宠物市场的现状、趋势和竞争格局，分析目标客户群体、需求和行为特点，为制定发展规划提供依据。

1.3　确定目标与策略

根据市场分析结果，设定明确的发展目标，并制定实现这些目标的具体策略和措施。包括产品、服务、营销等方面。

1.4　制订详细计划

将目标细化为具体可执行的计划，包括时间表、责任人、预算等方面。确保每个计划都与整体发展目标一致。

1.5　资源评估与配置

评估宠物店现有资源（人力、财务、技术等），确定哪些资源可以支持发展规划，哪些需要进一步增加或优化。

1.6　风险管理

识别潜在风险和挑战，并制定相应风险管理策略。考虑可能出现的问题并提前做好准备。

1.7　团队建设与培训

建立高效团队并激励员工积极参与实施发展规划。培训员工提升专业技能，并建立良好的团队合作氛围。

1.8　绩效评估与调整

设立绩效评估机制，监控关键绩效指标并及时调整经营策略。根据绩效评估结果对发展规划进行调整和优化。

1.9　持续改进与学习

不断学习和改进经营管理能力，及时调整经营策略以适应市场变化。持续改进是宠物店实现长期稳健发展的关键。

1.10　定期回顾与更新

定期回顾宠物店的发展规划，并根据实际情况进行更新和调整。确保规划始终符合市场需求和公司战略。

2　加强品牌建设：树立形象，增强影响力

宠物店品牌建设的战略价值不言而喻，它是塑造市场声誉与形象的关键。通过精心打造的品牌，宠物店能够有效吸引潜在客户，进而增强自身的竞争力，并扩大在行业中的影响力。具体的品牌建设措施如表11-1所示，这些措施将助力宠物店在激烈的市场竞争中脱颖而出。

表11-1　加强品牌建设的措施

序号	措施	具体说明
1	确定品牌定位	确定宠物店的品牌定位，包括目标客户群体、服务特点、战略目标等。确保品牌定位与目标市场需求相符合

序号	措施	具体说明
2	设计品牌标识	设计专属于宠物店的品牌标识,确保品牌标识简洁明了、独特且吸引人,并能够传达出宠物店的价值观
3	建立统一形象	确保宠物店在装修、陈列、员工着装等方面保持统一形象,体现出品牌风格和专业性
4	提供优质服务	建立良好的服务体验,让客户感受到宠物店对待每一位客户和他们的宠物都是认真负责的态度。提供专业、周到的服务可以树立良好口碑
5	制定营销策略	制定多样化的营销策略,包括线上线下推广活动、社交媒体营销、合作推广等,提升品牌知名度和影响力
6	建立忠实客户群体	通过会员制度、优惠活动等方式吸引并留住忠实客户。忠实客户不仅能够带来稳定收入,还可以成为品牌传播者
7	参与社会公益活动	积极参与社会公益活动,展现企业社会责任感,树立良好企业形象
8	品牌故事讲述	通过讲述宠物店背后的故事和理念,让客户更加了解和信任品牌,并引发情感共鸣
9	定期反馈与改进	定期收集客户反馈意见,并根据反馈意见进行改进和优化,持续提升服务质量、满足客户需求
10	品牌监控与维护	监控市场反馈和竞争情况,及时调整营销策略和经营策略以保持竞争力

3 履行社会责任:回馈社会,共建和谐

宠物店在履行社会责任方面扮演着重要角色。通过履行社会责任,不仅可以增强宠物店的形象和声誉,还能够获得客户信任并吸引更多消费者;同时也能够为社会贡献力量,推动社会进步。如表11-2所示的是宠物店可以履行的社会责任。

表 11-2　宠物店可履行的社会责任

序号	社会责任	具体说明
1	动物福利	宠物店应关注动物福利，确保所售宠物得到妥善照顾。这包括与供应商合作，确保宠物来源合法、健康，避免非法捕捉和虐待动物。此外，通过加大研发力度，推出更多满足宠物需求的创新产品，提升宠物的生活质量
2	环境保护	宠物店应致力于可持续发展，通过节约资源、减少能源消耗和废物排放，以及提高生产效率来降低对环境的影响。同时，采用可再生能源和环保材料，推行低碳环保理念，以体现对环境保护的承诺
3	参与公益	积极参与当地社区活动和公益事业，支持当地社区建设和发展，可以组织义工活动、赞助社区活动等
4	培养员工	为员工提供良好的工作环境和培训机会，关注员工的身心健康，并提供晋升机会和福利待遇
5	慈善捐赠	定期进行慈善捐赠，支持有需要的群体和慈善机构，可以是捐款、捐物资或提供志愿服务
6	教育宣传	开展关于宠物养护知识、动物保护意识等方面的教育宣传活动，提高公众对于宠物养护和动物保护的认识
7	食品安全	确保销售的宠物食品安全可靠，不含有害添加剂或有毒成分，并提供专业意见帮助客户选择适合自家宠物的食品

4　开设连锁分店：拓展版图，实现规模效益

开设连锁分店是宠物店扩张业务的一种常见方式，可以帮助宠物店扩大品牌影响力、提高市场占有率和增加收入来源。如图 11-1 所示为开设连锁分店的步骤。

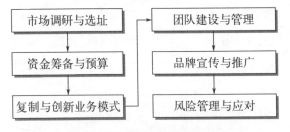

图 11-1 开设连锁分店的步骤

4.1 市场调研与选址

（1）在开设分店之前，进行深入的市场调研至关重要。了解目标市场的消费者需求、竞争态势以及行业趋势，为分店的经营策略提供数据支持。

（2）选址是分店成功的关键。选择人流量大、交通便利且消费者群体与目标客户相匹配的地段。考虑附近是否有其他宠物相关业务，以形成互补效应。

4.2 资金筹备与预算

（1）开设分店需要充足的资金支持。制订详细的预算计划，包括装修、设备采购、员工招聘与培训、租金等各方面的费用。

（2）确保资金来源稳定，可以考虑寻求合作伙伴、银行贷款、进行融资等多种方式。

4.3 复制与创新业务模式

（1）成功复制总店的核心业务模式是关键。这包括产品选择、服务流程、营销策略等。确保分店在保持品牌一致性的同时，也能

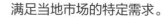

满足当地市场的特定需求。

（2）在复制的基础上，寻求创新。根据当地市场的特点和消费者需求，调整产品组合、服务内容或营销策略，以吸引更多客户。

4.4　团队建设与管理

（1）招聘经验丰富、热爱宠物的员工，并进行系统的培训。确保员工了解总店和分店的经营理念和业务模式，能够提供优质的服务。

（2）建立有效的激励机制和绩效评估体系，激发员工的工作积极性和创造力。

4.5　品牌宣传与推广

（1）利用社交媒体、线下活动等方式，对分店进行宣传和推广。与当地社区建立联系，参加社区活动，提高分店的知名度和影响力。

（2）借助总店的品牌效应，进行联合营销或推广活动，吸引更多潜在客户。

4.6　风险管理与应对

（1）开设分店可能面临多种风险，如市场竞争、法规变动等。制定风险应对策略，如调整经营策略、加强成本控制等，以应对潜在风险。

（2）建立良好的客户关系和供应商合作关系，为分店的经营提供稳定支持。

××宠物店通过精心策划和执行一系列战略措施，成功实现了持续发展。该宠物店起初只是一家小型社区宠物店，但凭借着独特的经营理念和持续的努力，逐渐发展成为当地知名的宠物服务品牌。

首先，该宠物店注重提升服务质量。他们不仅提供宠物食品、用品销售，还提供宠物美容、洗浴、护理等服务。为了确保服务质量，他们定期对员工进行专业培训，提升员工的专业技能和服务意识。此外，他们还建立了完善的客户服务体系，及时解决客户的问题和需求，提升了客户满意度。

其次，该宠物店注重品牌建设。他们设计了独特的店铺形象和店铺标识，通过统一的装修风格和视觉元素，增强了品牌辨识度。同时，他们还积极开展品牌宣传活动，利用社交媒体、线下活动等方式扩大品牌知名度。通过与当地社区、宠物医院等相关机构合作，共同举办活动，进一步提升了品牌形象。

再者，该宠物店关注市场变化和客户需求。他们定期对市场进行调研，了解最新的宠物产品和服务趋势，以及客户的消费习惯和偏好。根据这些信息，他们及时调整产品结构和服务内容，以满足客户的需求。例如，他们引入了更多健康、绿色环保的宠物食品，以及个性化的宠物用品，吸引了更多客户的关注。

最后，该宠物店还注重社会责任和可持续发展。他们积极参与公益活动，支持动物保护组织，倡导"文明养宠、负责任养宠"的理念。同时，他们还关注环保问题，店铺采用环保材料和节能设备，减少对环境的影响。这些举措不仅提升了宠物店的社会形象，也为其持续发展奠定了坚实的基础。

通过以上措施的实施，该宠物店逐渐在当地宠物市场占据了一席之地，实现了持续发展。

案例点评:

该宠物店凭借其卓越的成功经验，凸显了服务质量至上、品牌建设深化、敏锐把握市场变化和客户需求，以及坚守社会责任和可持续发展的重要性，这些均是宠物店实现持久繁荣的核心要素。然而，鉴于每家宠物店的经营环境和条件各异，当制定具体的发展战略时，必须结合自身的独特情境，进行策略的调整和创新，以确保每一步发展都稳健且富有成效。